Hablemos Claro del Matrimonio

Una Guía para un Diálogo Efectivo

William B. May
Presidente de Catholics for the Common Good

EMMAUS ROAD PUBLISHING
Editorial Emaús
Steubenville, Ohio
Una División de *Catholics United for the Faith*
www.emmausroad.org

Stand with Children

Un movimiento fundado por
Catholics for the Common Good Institute

Nuestra Misión:

La promoción de la realidad que el matrimonio une a un hombre y a una mujer, el uno con el otro, y a cualquier niño o niña producto de esta unión.

Apoyar el interés colectivo de la sociedad de que cada, y por tanto, todo niño, sin excepción, tiene el derecho de ser criado, cuidado y reconocido, en la medida de lo posible, por su padre o madre y preferiblemente en el seno de un matrimonio.

Promover el reconocimiento de estos intereses sociales a través de la Ley, la sociedad civil e individuos particulares.

standwithchildren.org
P.O. Box 320038
San Francisco, CA 94132
415-651-4171
info@ccgaction.org

Editorial Emaús
827 North Fourth Street
Steubenville, Ohio 43952

Impreso en los Estados Unidos de América
16 15 14 13 1 2 3 4 5

Número de Control de la Biblioteca del Congreso: 2012942899
ISBN: 978-1-940329-10-9

Diseño de tapa y de libro
Theresa Westling

Dedicatoria

El movimiento *Stand with Children* esta dedicado a nuestra virgen de Guadalupe, nuestra guía y modelo para la enculturación de la fe y la evangelización de la cultura, y al Beato Juan Pablo II, que continua enseñándonos acerca del matrimonio y de la familia cada día.

Rogamos por su intercesión para que, mediante su intervención divina, faciliten la restauración de una cultura que promueva el matrimonio entre hombres y mujeres que se casan antes de tener hijos, y que los apoya a lo largo de su matrimonio.

TABLA DE CONTENIDOS

Apéndice:

PARTE 1

Reconstituyendo la Cultura del Matrimonio

¿Ha estado usted, alguna vez, inmerso en una discusión acerca del matrimonio y no ha sabido como explicarlo en términos no religiosos? ¿Ha platicado, alguna vez, con diversos miembros de su familia, durante la cena de Acción de Gracias, y como resultado tenido que escuchar una diversidad de opiniones acerca del propósito del matrimonio y quien debería, o no debería, poder casarse? Si usted tiene niños o nietos, ¿le ha costado, sudor y lagrimas, responder a aquellas preguntas tan difíciles que ellos suelen traer del colegio a la casa? ¿Le ha costado mucho explicarle a alguien la diferencia entre el estado religioso y el estado civil del matrimonio? O ¿por qué razón el gobierno tiene que tener la potestad de reconocer el matrimonio? Tal vez usted también tiene algunas preguntas irresueltas acerca del matrimonio en su cabeza.

Hoy en día, estamos en medio de un debate de política publica acerca de la definición del matrimonio, y de su importancia. El hecho, en si, de que siquiera existe un debate acerca de cual es la mejor política publica a seguir, en este sentido, pone de manifiesto la confusión cultural reinante acerca del verdadero significado del matrimonio. Esa confusión conlleva terribles consecuencias para cada familia y para toda la sociedad.

Mientras que el sueño de todos los padres es ver a sus hijos crecer y perpetuar la familia sobre la sólida base de un matrimonio feliz, esto esta sucediendo cada día menos y menos. El porcentaje de jóvenes adolescentes, que cursan el último curso de secundaria, y que aspiran a casarse se ha mantenido relativamente estable a través de los años, pero el numero que logra concretar ese sueño se ha reducido precipitosamente. Como resultado, hoy en día, cuatro de cada diez jóvenes estadounidenses han nacido de madres solteras. El matrimonio esta en crisis.

Mientras muchos echan la culpa sobre la actual controversia, acerca del verdadero propósito del matrimonio y de sus beneficios para la sociedad, al movimiento de derechos gay, la verdadera raíz del problema es mucho más profunda, y mucho más seria. El matrimonio esta en crisis porque se ha convertido en una institución que se limita a centrarse y enfocarse en la adultez y los adultos, y porque, de acuerdo al pensamiento de un gran numero de personas, ésta ya no constituye la base fundamental de la familia. La protección jurídica de la definición tradicional del matrimonio es critica para poder prevenir la eliminación de la única institución que verdaderamente une a los niños con sus madres y sus padres, pero defender el statu quo no es suficiente. Poder lidiar con la raíz del problema, y trabajar para reconstruir una cultura que apoye la noción de que los hombres y las mujeres se casen antes de tener niños, tiene que convertirse en un imperativo de justicia social. Cada familia tiene un interés en lograr este objetivo.

Buscando Maneras Más Claras para Comunicarse

En el 2007, el movimiento *Catholics for the Common Good*, en colaboración con la Conferencia Episcopal de California, comenzó a buscar nuevas maneras de comprender y mejor comunicar la realidad del matrimonio. Nueva legislación dirigida a redefinir el concepto de matrimonio y de la familia estaba siendo aprobada de una forma vertiginosa, a un ritmo sumamente acelerado, y a aquellas personas que estaban intentando atestiguar sobre la verdadera naturaleza de estas instituciones les estaba costando muchísimo encontrar argumentos creíbles que pudiesen llevar al debate sin aparentar ser "anti gay". Todos sabemos en el fondo, intuitivamente, lo que es el matrimonio. Sabemos y conocemos las enseñanzas de la iglesia sobre este tema, pero la manera de expresar todo esto, lo que sabemos a ciencia cierta, aquello que no puede ser de ninguna otra manera, constituye un verdadero reto en esta cultura en la que vivimos.

Por eso decidimos empezar a ver el matrimonio y a la familia desde la perspectiva que tiene un niño en su capacidad de hijo y del interés compartido que todos nosotros, sin excepción, tenemos con relación al matrimonio de nuestros padres. Así nació el movimiento *Stand with Children* para la evangelización de la cultura acerca del matrimonio y la familia.

El año siguiente suspendimos temporalmente el proyecto cuando la Conferencia Episcopal de California nos pidió que dirigiéramos el componente laico de la campaña para pasar la enmienda número 8 del referendo californiano sobre el matrimonio gay, mejor conocida como *"Proposition 8"* por su titulo en inglés. En Mayo de aquel año, la Corte Suprema de California dictamino que era discriminatorio negar el derecho a casarse a las parejas gay y, de esta manera, revoco la voluntad popular expresada en la ley de protección al matrimonio adoptada por la legislatura californiana el año 2000. La victoria de la voluntad popular (vía referéndum) a favor del matrimonio tradicional, fruto de la campaña "Proposition 8" en noviembre de 2009, rescato la definición tradicional del matrimonio al incorporarla en la constitución californiana y fuera del alcance de la judicatura estatal californiana. Sin embargo, al final, lo único que esta victoria logro, fue ahondar el debate acerca de la verdadera naturaleza del matrimonio en California y abrir las puertas a más demandas y procesos judiciales a nivel Federal.

Después de esta campaña continuamos trabajando junto al liderazgo que surgió del equipo de voluntarios que organizamos, y llevamos a cabo talleres de capacitación, seminarios y otros talleres trabajo para explorar la mejor manera de comunicar la realidad del matrimonio a la familia y los amigos. El material de capacitación esta basado en la doctrina social de la iglesia católica, especialmente en las enseñanzas del beato Juan Pablo II acerca del matrimonio, la familia y la persona humana. Nosotros encontramos que estas enseñanzas se prestan fácilmente para ser traducidas a un lenguaje sencillo, poco técnico, no religioso, de fácil comprensión, y accesible para todos. Con el transcurso del tiempo, estos talleres se han convertido en verdaderos laboratorios de aprendizaje y formación espiritual, lo cual nos ha conducido a un entendimiento más profundo acerca de los métodos y retos relacionados a la transmisión y comunicación de la realidad que comprende el amor, el matrimonio, la familia, y la sexualidad humana en esta era donde predomina el relativismo.

Lo que llegó a ser muy evidente, es que en esta nuestra cultura relativista, donde la mayoría de nosotros tiende a tomar decisiones basándonos en nuestro propio punto de vista (por ejemplo, utilizando la noción de que "lo que es cierto para ti, puede que no sea verdad para mí"), nosotros estamos tentados a rechazar la verdad objetiva o las enseñanzas de la iglesia católica, y tildarlas de irracionales, si esta no se conforma a lo que nosotros consideramos es nuestra experiencia. Sin embargo, cuanto más profundamente entendemos la doctrina social de la iglesia católica y nos volvemos cada vez más diestros en poder comunicar sus principios y su esencia en un lenguaje no-religioso, para gran sorpresa de muchos, esta se vuelve asombrosamente razonable, aun para los no-creyentes. El reto esta en la comunicación.

Mientras trabajaba con estudiantes de secundaria durante los años cincuenta (1950s), un sacerdote italiano llamado Luigi Giussani descubrió que al cuestionar a la juventud, basándose en vivencias e ideas comunes, dentro de la búsqueda de todo aquello que es Hermoso, Verdadero y Bueno, sus interlocutores podían fácilmente comprobar, por si mismos, la realidad de la fe de una cierta manera que los inspiraba a adentrarse más profundamente en este Misterio. Esto originó el movimiento eclesiástico comúnmente llamado Comunión y Liberación.[1] Muchos creen que el beato Juan Pablo II tenia tanta facilidad en comunicarse con la gente joven porque él tenia una forma de enseñar que tocaba sus corazones y resonaba con la experiencia humana y las vivencias comunes que nos unen a todos. El no le decía a la gente joven, lo que ellos necesariamente querían oír, pero ellos sabían, de alguna manera, que lo que él les decía era algo que simplemente traslucía la verdad, el bien y la belleza que forman parte de la realidad objetiva e innegable. Nosotros necesitamos aprender y seguir los ejemplos del beato Juan Pablo II.

El Pensamiento Basado en la Realidad

Nuestro asesor y miembro del Directorio, el Padre Michael Sweeney, O.P., presidente del Colegio Dominico de Filosofía y Teología en Berkley, California, nos hace recuerdo que las enseñanzas de la Iglesia católica no crean ni generan la realidad, sino que estas nos proporcionan un conocimiento más profundo de ésta. En otras palabras, es importante reflexionar, que las cosas no son estrictamente verdaderas porque están en la Biblia,

1 Dwight Longenecker, *Risk of Faith* (New Haven: Catholic Information Service, Knights of Columbus, 2008).

sino que, están en la Biblia porque son, en primera instancia, cosas verdaderas. Existen algunas cosas que nos es imposible conocer acerca de Dios, o de nosotros mismos, sin poder recurrir a la revelación divina. Sin embargo, hay muchas otras cosas esenciales, que si podemos conocer basándonos simplemente en la razón, en las vivencias y experiencias comunes y la búsqueda de las ideas transcendentales como la belleza y el bien. Es mas, esta búsqueda, en si misma, nos revela ciertas verdades acerca de nosotros mismos que tienen un gran valor intrínseco, en nuestra búsqueda del amor verdadero, de la libertad, de las verdades y de la verdadera felicidad.

Por ejemplo, cuando miramos el matrimonio a través de los ojos de un niño, nosotros nos volvemos como niños[2] y empezamos a ver la realidad del matrimonio y de su naturaleza. Al ponernos en el lugar de los niños, el matrimonio deja de ser sólo una abstracción, es una realidad. Nosotros podemos recordar nuestros deseos infantiles de querer saber de donde venimos y de ser amados, cuidados y protegidos por nuestros dos padres. Aun si nosotros no llegáramos a conocer a ambos de nuestros padres o por alguna circunstancia estuviéramos distanciados de ellos, aquello no significa que no tengamos este tipo de deseos. En virtud de todo esto, la realidad del matrimonio, dentro del plan de Dios para la creación, es algo evidente para cualquier persona. Sin embargo, esta verdad no depende de

2 Mateo 18:3

nuestra fe en Dios, esto constituye una verdad que esta impresa directamente en nuestra propia naturaleza.

Hoy en día, en una época en la cual se generan niños para satisfacer los deseos de los adultos a través de técnicas de reproducción asistida, o tecnología de reproducción asistida (ART por sus siglas en ingles), es mucho más fácil olvidar el hecho fundamental de que cada niño, sin excepción, tiene una madre y un padre. Sin embargo, así es, y si lo tienen. Es un hecho. La perdida de uno o ambos constituye una verdadera privación de algo que es común para cada uno, por tanto, para todos, y es bueno (lo cual quiere decir que esto contribuye al progreso o desarrollo de la sociedad). Es mas, nuestra madre y nuestro padre, nuestros hermanos y hermanas y nuestra familia extendida son parte indisoluble e integral de lo que somos. Es una verdadera tragedia cuando los niños están privados de sus familias debido a circunstancias que están fuera del control de cualquiera, pero especialmente cuando esta separación es intencional y sin fundamento alguno. Este es un ejemplo de lo que nosotros, los miembros de *Catholics for the Common Good,* hemos designado el "pensamiento basado en la realidad."

De nuestros talleres de trabajo con personas comprometidas con la defensa del matrimonio, que surgieron después de la campaña *"Proposition 8"*, también aprendimos que todos somos producto de la cultura a la que pertenecemos y que de forma sutil e inconsciente vamos aceptando falsas premisas culturales como si fuesen verdaderas. Como un diacono y un católico muy ortodoxo de la localidad de Bakersfield observo, "estoy empezando a darme cuenta que a veces digo cosas que están en conflicto con lo que en verdad creo." Todos lo hacemos. Muchas veces intentamos usar la lógica y la razón para resaltar un punto en particular, comenzando con una premisa falsa, sin si quiera darnos cuenta, como por ejemplo, cuando decimos que "lo más importante para un niño es contar con alguien que lo ame" o que "el o ella tiene derecho a tener un hijo para poder realizarse plenamente" etc. Las Partes No. 4, 5 y 6 (Preguntas Más Frecuentes) de este libro se enfocan en estas premisas falsas usando la lógica del "pensamiento basado en la realidad" y anclando, el contenido en cuestión, en realidades indisputables que se pueden verificar a través de las experiencias y vivencias comunes y la razón.

Enfocarse en la realidad puede, a veces, resultar chocante porque es contra-cultural o porque choca o entra en conflicto con un uso del lenguaje "políticamente correcto". Muchas veces no se puede evitar lidiar con preguntas incomodas. En la película, "*Hear no Evil, See No Evil*", el actor y comediante Richard Pryor hace el papel de un empleado ciego que atiende un quiosco. Cuándo su hermana hace referencia a su experiencia como hombre negro, él esta atónito, con los ojos abiertos de asombro, y no puede ocultar su extrañeza al exclamar ¿Como? ¿Me quieres decir que no soy blanco? ¿La mama sabe de esto?" Era una escena muy graciosa porque reconoce lo obvio.

Sucede lo mismo en aquellos casos de niños que han sido privados de su madre o de su padre, o de ambos, algunas veces intencionalmente. La madre sabe lo que pasa y el niño también, pero nadie se atreve a decir lo que pasa. Algunos dirán y juraran que sus hijos no están privados de este derecho o experiencia fundamental, y que el esperma o el óvulo donado, de donde proviene el niño, era solamente una célula incorpórea. La "Realidad" en este caso muchas veces esta forzada a conformarse a los intereses de los adultos, pero la realidad verdadera es clara y evidente a los ojos de un niño. Alguien de quien proceden ya no esta con ellos. Esa es la realidad.

Contrariamente a esto, la cultura afirma que lo normal es que un niño no tenga una madre o padres y que esto esta BIEN. De hecho, como usted podrá apreciar y aprender en la Parte 3 del libro, casi una mayoría de la gente joven cree que es bueno poder tener un mayor número de opciones familiares o conceptos de familia (aparte del concepto de familia que comprende a las madres y padres casados.) Cuando uno toma en cuenta la realidad que los niños con familias alternativas, por definición, están privados de sus madres y de sus padres unidos en matrimonio, es inconcebible que se pueda justificar esto diciendo que aquello es una cosa buena. Sin embargo, esta premisa falsa se enseña en las escuelas y es aceptada por mucha gente joven hoy en día. Esta premisa se basa en un concepto cultural erróneo; que el derecho de los adultos de vivir satisfechos y realizarse plenamente esta por encima de los derechos fundamentales de los niños. ¿Cómo puede ser esto verdad?

Tal como mencionamos anteriormente, es tan fácil para todos nosotros caer presa de las voces de sirena que nos adormecen e invitan a aceptar premisas falsas y a equivocarnos como consecuencia de esto. Tal como mi hijo universitario me intento explicar, esta BIEN que las mujeres tengan hijos por medio de una donación de esperma porque en su "realidad" no tienen la intención de privar a su hijo o hija de su padre. Su intención se limita a satisfacerse personalmente o a realizarse plenamente como personas al tener un niño, que de otra manera no hubiera existido. Luego de bastantes discusiones e idas y venidas, él por fin vio la realidad (desde la perspectiva de un niño) y así entendió que la intención de algo no cambia la realidad de algo. Este es un claro ejemplo de cómo podemos cometer errores aun con buenas intenciones. Cuando nos damos cuenta de nuestro error, esto usualmente evoca un sentimiento de remordimiento o vergüenza en nosotros. No nos corresponde juzgar, sino reconocer nuestro estado de descomposición y avería colectiva por causa del pecado original, y el de amarnos los unos a los otros y siempre promover la sanación de nuestras almas. El trabajo de evangelización de la cultura para el matrimonio y la familia tiene el propósito de capacitar, educar y formarnos nosotros mismos basándonos en la Realidad (la cual incidentalmente siempre apunta hacia Cristo y la Trinidad), y atestiguar esto a través de nuestro ejemplo de vida. No se trata de criticar a los demás por los errores que han cometido en el pasado.

Formación para la Evangelización de la Cultura

Como muchos de los participantes han descubierto en nuestros talleres, nosotros debemos tener la humildad de reconocer que todos tenemos la necesidad de aprender y de adquirir mayor formación en nuestras vidas. Nuestro enfoque debe centrarse en nosotros mismos y en solidaridad con las victimas de un matrimonio fracasado–las generaciones futuras de niños privados de padres y madres casadas y la gente joven que se halla privada de sus sueños de matrimonio debido a una idea equivocada acerca del amor, la sexualidad, y el matrimonio. El enfocarnos en estas personas y percibirlas como adversarios sólo nos daña porque va desgastando la gracia divina poco a poco, y porque limita nuestra habilidad de amar, y genera un falso sentido de superioridad. Para evitar esta tentación, es muy útil seguir el ejemplo de Cristo desde la Cruz cuando dijo: "Padre, perdónalos; porque no saben lo que hacen[3]."

Como el Arzobispo Charles Chaput dijo, ante la Asociación de Académicos Católicos de EE.UU. (*Fellowship of Catholic Scholars*) el 2010, "El [d]esmantelar aquella parodia humana que llamamos 'la cultura moderna Americana' empieza, no con la violencia, pero con la conversión de nuestros propios corazones…Su tarea… es la de reforzar ese espíritu que vive en cada uno de ustedes… y el de inculcarlo a todas las personas a las que uno llega a través del conjunto de habilidades extraordinarias que Dios le ha dado a cada uno. Si *solo haces eso,* pero lo haces bien, entonces Dios se encargara del resto."

3 Lucas 23:34

La Fe y Los Círculos de Acción

Todos tenemos diferentes talentos que nos ha dado Dios. Siguiendo el consejo del Arzobispo Chaput para la evangelización de la cultura, debemos enfocarnos en nuestra propia conversión y formación. Como el Papa Benedicto XVI ha dicho, es importante crear un sentido de "nosotros" de la Iglesia. No estamos solos en este viaje. Somos como los miembros de un equipo de alpinistas, ligados los unos a los otros, y con Cristo a la cabeza, por un conjunto de cuerdas y sogas, ascendiendo a las alturas. A veces necesitamos ayudar a alguien jalándolo para que llegue a elevarse a una nueva altura, y a veces necesitamos que alguien nos de un pequeño empujón para tocar el umbral del cielo.[4]

Un numero cada vez mayor de personas está participando en *Stand with Children,* formando pequeños grupos de fe y círculos de acción católica con otros fieles. Los participantes se reunen de forma regular para leer, reflexionar y obtener un conocimiento particular que se pueda compartir con la familia y los amigos. Estos círculos, a su vez, generan grupos de apoyo para aquellos que necesitan encontrar soluciones practicas cuando tienen que lidiar con las influencias culturales que minan el entendimiento del amor verdadero, el matrimonio y la familia con nuestros hijos y otros miembros de familia.

Inicialmente, los miembros y participantes de los grupos de fe y de los círculos de acción católica pueden empezar su

4 Papa Benedicto XVI, Homilía de Domingo de Palmas, (28 de marzo de 2010).

reunión leyendo y reflexionando sobre esta guía. Más adelante se lesproporciona el material adicional adecuado para apoyar la formación y capacitación continua de la evangelización de la cultura para el matrimonio y la familia.

Tenemos la esperanza de que este libro llene sus necesidades inmediatas de recibir luces y consejos juiciosos acerca de cómo debatir o platicar los problemas acerca del matrimonio y la familia con los amigos y los miembros de la familia. A su vez, esperamos que una mayor exposición al contenido de este libro, que esta basado en la doctrina social de la iglesia católica, ayudara a aumentar la confianza en la gente de que la Iglesia si tiene las respuestas a nuestros problemas y que simplemente necesitamos saber donde buscar estas respuestas y como comunicarlas a la gente que amamos.

Hay muchas razones por las cuales podemos mantener la esperanza. La actual crisis en el matrimonio, tal como la hemos discutido en la Parte 3, tiene que ser y, por tanto, puede ser reversible. Sin embargo, requerirá un esfuerzo educacional y a nivel organizativo masivo, de nuestra parte, para lograr este objetivo. Requerirá de hombres y mujeres valientes, que están dispuestas a hacer oír sus voces y defender la verdad acerca del matrimonio y la familia cuando estos problemas se sometan a votación en los debates legislativos. Necesitamos trabajar con políticas de gobierno que promuevan el concepto de que los hombres y mujeres se deben casar antes de tener hijos.

Pero la discusión acerca del verdadero significado del amor, del matrimonio, de la familia y de la sexualidad humana esta actualmente llevándose a cabo y desarrollándose todos los días en los colegios, en el trabajo, a través de la televisión, de las películas y de la música. Esta discusión esta presente en todos lados y esta influenciando a nuestros hijos y a nuestros amigos. Esta discusión continuara con o sin nosotros. Esperemos que usted, a medida que va leyendo este libro, considere las consecuencias de no prepararse y de no participar en este debate.

Recuerden que el verdadero trabajo de evangelización de la cultura del matrimonio y la familia comienza alrededor de la mesa familiar, junto a la familia. Es allí done los niños deben ser vacunados e inoculados contra las malas influencias de la cultura a través de la exposición de verdades verificables, y susceptibles de fácil confirmación, acerca del amor, del matrimonio, de la familia y de la sexualidad humana.

Una vez que usted haya terminado de leer este libro, considere seriamente afiliarse al movimiento *Stand with Children* y a los Católicos por el Bien Común (*Catholics for the Common Good).*

PARTE 2

Políticas Publicas: El Reconocimiento Civil del Matrimonio

¿Que es el Matrimonio?

La pregunta acerca de cuales son las políticas publicas más adecuadas para implementar sobre el matrimonio y las propuestas para redefinir el matrimonio, a fin de acomodar a las parejas del mismo sexo, se centra en decidir entre dos entendimientos o definiciones muy diferentes acerca de la verdadera esencia del matrimonio:

1. El matrimonio es el reconocimiento público de una relación entre un hombre y una mujer (o dos adultos) para lograr su realización plena como personas.
2. **El matrimonio une a un hombre y una mujer, el uno con el otro y a *cualquier* niño que nace de esta unión.**

¿Cuál de estas dos definiciones tan dispares es *verdad,* y cual de estas definiciones sirve de mejor manera el bien común y el interés publico?

A la segunda definición se la conoce como la "definición tradicional" del matrimonio, pero no hay nada de tradicional en torno a esta noción. Esta es un hecho objetivo. El matrimonio une a un hombre y una mujer el uno con el otro y cualquier hijo que nace de esta unión. Eso es lo que es el matrimonio, y eso es lo que hace. Expresa los planes de creación de Dios; pero este hecho no depende de una creencia o una fe en Dios. Esta realidad humana solo puede ser reconocida por los diversos estados, culturas y religiones, pero no se la puede cambiar. Es la misma realidad reconocida por cada sociedad, cada cultura y cada religión, cada una de acuerdo a sus competencias.[1]

Muchas personas, particularmente los jóvenes, ven el matrimonio tal como se lo describe en la primera definición. A medida que el sexo, la procreación y la crianza de los niños se ha desligado y distanciado cada vez más del concepto de matrimonio en los últimos cuarenta años, hoy en día, cada vez más, se la ve únicamente como una institución de adultos y para adultos, centrada en la adultez. Lo que más causo daño, en este sentido, fue la legalización del divorcio sin causa, el cual efectivamente redefinió el concepto del matrimonio como solamente una relación a la cual uno se compromete y es valida siempre y cuando ambos sean felices. La gran mentira del divorcio sin causa es la que nos dice que "Si los adultos están felices, los niños estarán felices." Cada vez mas, las personas piensan en el matrimonio como un medio para perseguir su felicidad individual.

---

1 Por ejemplo, los católicos reconocen esta misma realidad del matrimonio, como en el matrimonio civil, pero con un entendimiento mas profundo acerca de su belleza y significado. Nosotros, los fieles católicos bautizados, sabemos que el matrimonio es un sacramento y una fuente de gracia supernatural. Nosotros, los católicos bautizados, la entendemos como una imagen de la vida interna y un reflejo de la Trinidad y de la intima relación entre Cristo y su iglesia. Véase el Catecismo de la Iglesia católica (de aquí en adelante CCC) 1603.

Sin embargo, el matrimonio es mucho más que una institución hecha para lograr la satisfacción y la realización personal de los adultos. A pesar de que las actitudes han cambiado mucho en los últimos tiempos, la realidad del matrimonio no ha cambiado. El matrimonio entre un hombre y una mujer sigue siendo la única institución que une a los niños con su madre y con su padre.

Explicando la Realidad del Matrimonio

Memorice esta frase. **"El matrimonio une a un hombre y a una mujer el uno con el otro y a *cualquier* niño que nace de esta unión."** Esta frase expresa **a plenitud** lo que es, en verdad, el matrimonio y constituye, en un lenguaje secular, una respuesta completa a la pregunta ¿"que es el matrimonio?" Describe la comunión entre un hombre y una mujer que los impulsa y los lleva a la comunión entre el padre y el hijo, una "comunión de personas."[2]

El matrimonio es más grande que la suma de las partes. Se puede reconocer, más fácilmente, sus bienes orientados a la persona humana y a la sociedad cuando se describa al matrimonio de esta manera. La antedicha frase describe una intima comunidad o comunión de amor y de vida, expresa la procreación, la noción de complementariedad en el seno del matrimonio, la maternidad y la paternidad, la imposibilidad de sustitución o reemplazo de la misma, el parentesco, la familia,

2 El beato Juan Pablo II, la Exhortación Apostólica en el Papel de la Familia Cristiana en el Mundo Moderno *Familiaris Consortio* (22 de noviembre de 1091), no. 21; *Letter to Families* (2 de febrero de 1994), no. 7-8.

el bien de los niños *e incluso el potencial de una angustiante y desoladora infertilidad.* Su unicidad como institución en la sociedad es aparente.

Aquí hay otra manera de describir el matrimonio, la cual revela su verdadera naturaleza, la de las personas humanas y la de la familia. En el matrimonio, un hombre y una mujer libre y voluntariamente escogen volverse irremplazables el uno para el otro. Hasta ese punto previo al matrimonio, todos somos reemplazables. Es a través de este matrimonio que las partes se convierten en irremplazables el uno del otro. Esta libre decisión de irremplazabilidad y el compromiso con el bien común de la unidad familiar es precisamente lo que los prepara para recibir los frutos de esta unión; una persona nueva, como un regalo de igual valor y dignidad que se otorga mutua y recíprocamente entre ellos.[3]

En realidad, el hombre *y* la mujer son irremplazables para sus hijos, y su hijo es irremplazable para la madre y el padre: fue el matrimonio lo que empezó con el circulo de irremplacibilidad al cual llamamos familia. Esta es la verdadera esencia y naturaleza de la familia, y eso es lo que hace. "Por eso el hombre deja a su padre y a su madre y se une a su mujer, y los dos llegan a ser una sola carne" (Gen. 2:24). El hijo concebido en el seno del matrimonio, es el testigo eterno a la unión de la madre y el padre, portador de su sangre y de heredero de su carne, y la

3 William E. May, *El Matrimonio es la Piedra en la que se Construye a la Familia* (Ignatius Press: San Francisco, 2009).

madre y el padre y la familia extendida son parte de la identidad del hijo.[4] Esto es una realidad. Es algo hermoso y bueno.

¿Que es el "matrimonio del mismo sexo"?

Cuando la gente viene a comprender el matrimonio solamente como una institución para la satisfacción y la felicidad individual, ya no existe una conexión inherente entre la relación de los adultos con la de la procreación, la de los niños, y la de la familia unida a través de un linaje o ascendencia común. Por tanto, las razones para reconocer el matrimonio solo como una unión de un hombre con una mujer ya no resultan ser tan evidentes.

El termino "matrimonio del mismo sexo" da la apariencia de parejas del mismo sexo que simplemente participan del matrimonio, pero en realidad eso es imposible. Para acomodar a las parejas del mismo sexo, lo que se necesita es redefinir el concepto de matrimonio jurídicamente y cambiar la definición legal del matrimonio para que ésta este en conformidad con la primera definición de matrimonio arriba mencionada: Por ejemplo, hacer que el matrimonio constituya el reconocimiento publico de una relación comprometida solamente para lograr la satisfacción y la felicidad de los adultos involucrados. Eso es lo que ha sucedido en cada decisión judicial y en cada acto legislativo donde el matrimonio se ha redefinido. Lo que tampoco es inmediatamente aparente, es la gravedad y seriedad

4 Congregación para la Doctrina de la Fe (de ahora en adelante CDF), Educación acerca del Respeto a la Vida Humana y la Dignidad de la Procreación *Donum Vitae* (22 de febrero de 1987), A1.

de las consecuencias que acarrea redefinir el matrimonio: *suprimir o excluir el matrimonio entre un hombre y una mujer del amparo de la ley elimina, del ordenamiento jurídico, la única institución social que une a los niños con sus madres y padres.*

Redefinir el matrimonio para acomodar a las parejas del mismo sexo elimina toda capacidad y autoridad para promover el único valor que tiene el hombre y la mujer para casarse antes de tener hijos. Por tanto, entra en conflicto con la protección del derecho humano, fundamental, e internacionalmente reconocido, del niño de conocer, en cuanto y tanto sea posible, a su madre y padre y a ser criado y educado por ellos. Cualquiera que promueve este valor o derecho único, bajo esta nueva normativa, estaría en riesgo de ser procesado por actos discriminatorios contra la gente que no puede procrear, ya que esto constituiría, bajo esta nueva normativa, una violación de principio de la "igualdad al matrimonio" – la igualdad a las relaciones.

William Eskridge, el renombrado catedrático de la Universidad de Yale, dice que redefinir el matrimonio "involucra la reconfiguración de la familia por medio de la atenuación de los vínculos ancestrales de sangre, genero, ascendencia y linaje."[5] Otros también apuntan a lo mismo al decir que es inmoral que el gobierno promueva un tipo de relación paternal sobre otro. Fíjese que todo esto aleja el enfoque sobre el derecho del niño a tener una relación con su madre, padre y familia extendida, y coloca

5 William N. Eskridge, Jr., Gayalaw: *Challenging apartheir in The Closet* (Harvard University Press: Cambridge, MA, 1999).

dicho enfoque sobre los derechos del adulto a tener un hijo por cualquier medio posible y sin tomar en consideración otra cosa. Pero en realidad, ¿quien tiene derecho sobre otra persona?

El redefinir el matrimonio y la familia implica que la única cosa importante y crucial de ser padres es su competencia para ser padres y esto, a su vez, nos lleva a la noción de que nadie, incluyendo a las madres y padres, es irremplazable, y que el hombre y la mujer son, esencialmente, intercambiables. La falacia de todo esto se torna evidente cuando recurrimos a nuestra propia experiencia. Todos tenemos el deseo de conectarnos, de saber y de ser amados por nuestra madre y nuestro padre.

Con la redefinición del matrimonio, a los colegios se les tendría que exigir que enseñen que el matrimonio no es nada mas que una institución centrada en el adulto y cuyo propósito es únicamente la satisfacción individual. Debe presentarse como una alternativa de estilo de vida que no tiene relación alguna con los niños o el establecimiento de la familia basada en vínculos de sangre, linaje o ascendencia con ancestros comunes. Esto va a tener un efecto negativo en como la gente joven entienda el matrimonio, como ellos encaren sus relaciones, y como tomen sus decisiones acerca del matrimonio y la familia en sus propias vidas.

El debate acerca del matrimonio, por tanto, debería ser reenfocado a los intereses públicos de cada definición: *¿se debería continuar reconociendo el matrimonio como una realidad humana que une al hombre y a la mujer el uno con el otro y a cualquier niño que nazca de esta unión, o se debería redefinir, simplemente,* *como el reconocimiento publico de una relación comprometida y esencialmente orientada hacia la satisfacción de los adultos?* Cuál es el interés publico en cada uno de estos casos, y cuales son las consecuencias de cambiar la definición del matrimonio ante los ojos de la ley, particularmente basada en la habilidad de las instituciones sociales para promover el valor único que dice que el hombre y la mujer se casen antes de tener hijos?

Por un lado las parejas del mismo sexo puede que tengan relaciones sinceras y románticas o amorosas entre ellos, y deseen llamarlas matrimonios. Pero, luego de una cuidadosa reflexión, es obvio que el problema relacionado con la definición del matrimonio tiene que reducirse al interés publico de cada una de las definiciones conflictivas del matrimonio, y las consecuencias para redefinir el matrimonio bajo los ojos de la ley. En tal debate, la homosexualidad o discriminación ya no constituyen factores relevantes, ni deberían serlo.

El redefinir el matrimonio como el reconocimiento público de una simple relación comprometida y esencialmente orientada a la satisfacción personal de los adultos involucrados, y la eliminación de la única institución que une a los hijos con su madre y padre debe poder justificarse de acuerdo a sus propios meritos. ¿Cuál es el interés publico de cada definición de matrimonio y las consecuencias de cambiar la ley para reflejar una sobre la otra?

Como responder o lidiar con los argumentos comunes para la redefinición del matrimonio y como mantener el enfoque en la realidad del matrimonio, se desarrolla en las "Preguntas frecuentes acerca de la Redefinición del Matrimonio y Problemas Relacionados" en la Parte 6. Pero, previamente, debemos analizar la alarmante condición en que se encuentra el matrimonio en los Estados Unidos, para poder entender que la defensa del matrimonio no es suficiente. Es esencial desarrollar un mejor entendimiento de lo que esta pasando con el matrimonio y de movilizarse para reconstruir la cultura del matrimonio.

PARTE 3

Políticas Publicas: El Reconocimiento Civil del Matrimonio

Hoy, el colapso del matrimonio esta generalizado. Casi cada familia extendida tiene hijos que viven en familias sin madres ni padres casados. Esto no es solamente producto de la cultura del divorcio imperante, sino que también surge de la disminución de personas que realmente se están casando. En tan sólo 30 años la tasa de mujeres solteras por cada 1,000 habitantes que logran casarse ha disminuido en más del cuarenta y tres por ciento (43%)[1]. Mientras que los nacimientos de madres solteras ahora constituyen más del cuarenta y un por ciento (41%) de todas las mujeres y setenta y tres por ciento (73%) de todas las mujeres de origen Afro-Americano[2].

Esta tendencia está causando un grave problema a la sociedad con un altísimo costo humano. Un creciente número de niños están sufriendo las consecuencias de vivir en la pobreza y en hogares sin padres. Las investigaciones más recientes demuestran que estas condiciones de pobreza y marginalidad ponen a los

1 Bradford Wilcox, *El Estado de Nuestras Uniones, Matrimonio en América en 2011*, The National Marriage Project, University of Virginia, http:/stateofour unions.org/2011/social_indications.php

2 Ibid

niños en riesgo de sufrir los efectos de las consecuencias negativas de dichas condiciones, por el resto de sus vidas.

Existen muchas razones que explican el por que los niños están siendo criados por padres solteros o no casados, pero no es nuestra intención examinar dichas causas aquí. Existe algo, sin embargo, sobre lo cual la mayoría puede estar de acuerdo. La situación actual es intolerable, y un esfuerzo conjunto para que tanto las instituciones públicas como las privadas trabajen juntas para fomentar el que hombres y mujeres se casen antes de tener hijos es necesario. Cualquier esfuerzo como ese para revertir el colapso del matrimonio y sus consecuencias negativas para los niños no seria legalmente permitido si el concepto del matrimonio llegase a ser redefinido en la manera descrita en la Parte 2. En ese caso, ya no existiría una institución que específicamente una a los niños con sus madres y padres que requeriría fomento. Si la institución no existiera, habría que crearla.

Una Preocupación para Cada Padre de Familia

Como ya se dijo con anterioridad, la premisa de la "igualdad matrimonial" es que todas las relaciones son iguales. Si se redefine el matrimonio, las escuelas tendrían que enseñar que el matrimonio es, simplemente, una relación de mutuo acuerdo entre adultos, un arreglo que no implica ningún tipo de vínculo específico a los niños y la familia. Las familias alternativas, tales como aquellas familias sin madres ni padres casados, ya están siendo señaladas como modelos de conducta a imitar en muchas escuelas. Las investigaciones científicas que se han llevado a cabo sobre este tema, demuestran que el cuarenta y seis por ciento (46%) de los jóvenes entre dieciocho a veintinueve años ahora creen quc "la creciente diversidad de tipos de situaciones familiares" es algo positivo[3]. Esto es sumamente alarmante cuando uno se pone a pensar que el único denominador común de cada familia alternativa es el hecho de la existencia de niños que están siendo privados de su madre, padre o ambos. ¿Cómo puede ser esto algo bueno? Otras investigaciones confirman que los niños están separando, cada día más, el concepto de familia y de niños de su concepto del matrimonio en sus mentes: El cincuenta y seis por ciento (56%) de alumnos del último año de secundaria creen que es bueno tener hijos sin estar casado[4]. Un creciente número de jóvenes de dieciocho a veintinueve años cree que el matrimonio es una institución obsoleta (44%)[5].

¿Cómo afectan estas actitudes a las decisiones de los jóvenes acerca del matrimonio y de la familia cuando éstos llegan a ser adultos? Esto debería constituir una gran preocupación para cada padre de familia. Las investigaciones científicas al respecto demuestran que el porcentaje de alumnos del último año de secundaria quienes expresaron un deseo de casarse se ha

3 Encuesta del Pew Research Center: *The Decline of Marriage and the Rise of New Families*, 18 de noviembre de 2010, http://www.pewsocialtrends.org/2010/11/18/the-decline-of-marriage-and-rise-of-new-families/.

4 Bradford Wilcox, *El Estado de Nuestras Uniones, Matrimonio en América en 2011*, The National Marriage Project, University of Virginia, http:/stateofour unions.org/2011/social_indications.php

5 Encuesta del Pew Research Center: *The Decline of Marriage and the Rise of New Families.*

mantenido estable a lo largo de los años (80% de las chicas y 70% de los chicos). Pero algo sucede entre esta aspiración de los adolescentes y su objetivo de llegar al altar para contraer matrimonio.

"Una de las grandes tragedias sociales"

En un artículo cuyo título es "Cuando el Matrimonio Desaparece, el Retroceso del Matrimonio en el Medio Americano", Bradford Wilcox y Elizabeth Marquardt examinan y describen cómo el matrimonio esta colapsando entre la clase media y baja. Las razones son variadas y complejas pero algo que citan a menudo y a lo que apuntan como parte del problema es a la percepción actual del matrimonio que ellos designan el modelo matrimonial de la "alma gemela". Bajo esta percepción de la esencia del matrimonio, el matrimonio se ha vuelto un medio completamente centrado en la pareja. Un medio para el crecimiento personal e intimidad emocional de la pareja y un consumismo compartido de la pareja que, en conjunto, hace que la estabilidad matrimonial y la supervivencia del matrimonio dependan, única y exclusivamente, de la felicidad de ambos cónyuges. Se percibe al matrimonio como un lujo que ocurre cuando las parejas se pueden "dar el lujo" y no como algo esencial para la procreación de niños y como base de la familia[6].

6 Bradford Wilcox, *El Estado de Nuestras Uniones, Matrimonio en América en 2011*, The National Marriage Project, University of Virginia, http:/stateofour unions.org/2011/social_indications.php

Esto es otra forma de expresar lo que anteriormente se desarrollo en la Parte 2 de esta obra, el concepto del matrimonio como el simple reconocimiento público de una relación consensual cuya finalidad se traduce en la realización personal de los cónyuges.

Por vía de contraste, Wilcox y Marquardt nos indican que cada vez menos jóvenes "se identifican con un modelo institucional del matrimonio, que busca integrar el sexo, la paternidad, la cooperación económica y la intimidad emocional en una unión permanente[7]." Esta es la descripción sociológica del matrimonio, la realidad humana que une una mujer y un hombre entre sí y los niños que pudiesen nacer de su unión.

Un Imperativo de la Justicia Social

Un deterioro significativo en el matrimonio y el incremento de embarazos fuera del matrimonio está ocurriendo, en gran medida, entre los pobres y aquellos estratos menos educados de la sociedad, y creando, de esta manera, una nueva división de clases. "Una de las grandes tragedias sociales de nuestros tiempos es que el matrimonio esta boyante y floreciente entre los grupos más aventajados y auto referenciales de nuestra sociedad y, a su vez, que esta misma institución esta decayendo entre aquellos que más provecho recibirían de los beneficios económicos y en la crianza de los hijos que dicha alianza matrimonial genera."

7 Ibid

Tome nota de los datos estadísticos contenidos en el Anexo que hablan acerca del colapso del matrimonio y de sus consecuencias humanas. Tomando en cuenta estas y otras consecuencias negativas atribuibles al colapso del matrimonio, llega a ser un imperativo de justicia social para los niños, que se fomenten políticas estatales e influencias culturales que incluyan lo siguiente:

1. Políticas tendientes a promover el matrimonio de hombres y mujeres antes de tener hijos.
2. Políticas tendientes a modificar los currículos escolares y otras influencias culturales que socavan el concepto que tienen los jóvenes del verdadero sentido del amor, la amistad, la sexualidad humana, la familia y el matrimonio.
3. Investigar y encarar los otros impedimentos y obstáculos al matrimonio.

Para empezar, es importante ayudar a las personas a entender la seriedad del colapso del matrimonio y sus consecuencias negativas, así como la importancia de tener políticas estatales y de fomento público para revertir esta tendencia.

Esto no podrá ocurrir si el matrimonio es redefinido para eliminar la única institución que une a los hijos con sus mamas y papas. Es de crítica importancia que todos nos unamos para construir un movimiento que tenga la capacidad de evaluar cada institución societaria pública y privada sobre la base de qué tan bien apoya y promueve el matrimonio y la familia. Esto es algo de sentido común, pero también resume la enseñanza de la Iglesia Católica sobre este tema[8]. Aceptar esta enseñanza religiosa no nos exige tener fe. Esta enseñanza constituye una solución razonable a un problema societario trágico que afecta el desarrollo y las vidas de millones de personas.

8 Concilio Pontifico para la Paz y la Justicia, Compendio de la Doctrina Social de la Iglesia Católica (2004), nos. 252-254.

PARTE 4

Preguntas para Hacerse y para Meditar En Relación a los Derechos de la Niñez

La mayoría de ustedes están bastante familiarizados con los argumentos a favor de redefinir el matrimonio. Muchos de ustedes han tenido que enfrentar preguntas ásperas que generan confusión acerca de la realidad del matrimonio y su propósito, y se utilizan para justificar en forma acomodaticia las aspiraciones del movimiento de "derechos para los homosexuales". Estas preguntas, y cómo responderlas, serán encaradas en la Parte 6: *"Preguntas que se Hacen con Frecuencia"*. Sin embargo, hay otras preguntas acerca del matrimonio y su relación con los derechos fundamentales de los niños que también deben hacerse de un modo respetuoso.

Aunque parezca contra-cultural al principio, estas preguntas son importantes para generar un proceso de reflexión, y abrir nuevas formas de debate acerca de la realidad del matrimonio y la familia. Éstas ayudan a descubrir, desvelar y exponer la dignidad y los derechos del niño y estimulan la contemplación en la búsqueda de la verdad acerca del ser humano, el matrimonio y la familia.

Puede que algunas de estas preguntas provoquen hondos sentimientos y fuertes pasiones que podrían resultar difíciles de controlar para algunas personas, y puede que requieran de un mayor tiempo para reflexionar. El objetivo de estas preguntas no es el de poner en apuros a nadie, ni el de ser usados de tal modo que constituyan o insinúen una crítica o juicio de valor acerca de algo que alguien hizo en el pasado. Como sociedad, todos hemos incurrido en una falta de respeto con el plan divino de Dios para el matrimonio y la sexualidad humana. Es hora de reconocer nuestro quebranto colectivo, nuestro pecado original, y empezar a trabajar juntos para construir una sociedad más justa y más humana. El pasado es el pasado. El enfoque ahora debe centrarse en la reconstrucción de una cultura del matrimonio y en proteger, en lo posible, los derechos de los niños y los más altos intereses de la sociedad para el futuro.

Considere estas preguntas:

1. **¿Tiene un niño o una niña un derecho humano fundamental de conocer y, en lo posible, ser cuidado por su madre o padre?**
   - Considere que todos, sin excepción, tienen una madre o padre. ¿Este hecho tiene algún significado más allá de lo biológico?
   - Considere el deseo común que todos tenemos de conocer, y ser cuidados por, y de ser amados por, el hombre o la mujer de los cuales provenimos. Estas relaciones son parte de nuestra identidad – no solamente con nuestra

mamá y papá, pero también con nuestros hermanos y hermanas, nuestros abuelos, tíos y primos.

- Considere lo siguiente: Los hombres y las mujeres tienen un derecho humano fundamental de procrear[1]. Sin embargo, es de sentido común (y la enseñanza Católica también lo afirma) que debido al potencial de conflicto entre el derecho del niño de nacer a una familia de verdad unido a su madre o padre, los hombres y las mujeres tienen una responsabilidad de solamente procrear después de que se hayan convertido en irremplazables el uno al otro por medio del matrimonio[2].

2 ¿Usted cree que sería bueno tener una institución pública que específicamente una a los niños con sus mamas y papas o promueva el que se críen juntos por sus mamas y papas?

- **Si contesta afirmativamente con un SI,** esa institución ya existe – se llama el matrimonio. Si no existiera como una institución natural que puede ser reconocida por todos, tendría que ser inventada (*no como un tema de*

1 El derecho humano a procrear también ha sido reconocido por el dictamen jurídico de la corte suprema de justicia del estado de Oklahoma perteneciente a los EE.UU. titulada: *Skinner v. Oklahoma Supreme Court decisión*, 316 U.S. 535,536 (62 S.Ct. 1110, 86 L.Ed 1655). Véase también, la carta encíclica del Papa Juan Pablo II sobre el centésimo aniversario de Rerum Novarum titulada Centesimus Annus (1 de mayo de 1991), 154B.

2 CDF *Donum Vitae*, A1; Carta encíclica del Papa Juan XXIII sobre el Establecimiento de la Paz Basada en la Justicia, Verdad, Libertad y Caridad Universal titulada *Pacem in Terris* (11 de abril de 1963), nos. 16,17,28, y 30, "derechos y obligaciones".

utilidad o beneficio societario, pero como un asunto de caridad y justicia para los niños)[3].

- **Si contesta negativamente con un NO,** entonces la pregunta se convierte en lo siguiente: "¿Cómo podría alguna persona justificar el oponerse a la única institución que une a los chicos con sus mamás y papás? (Nota: Tome nota que aquí las partes que intervienen en el debate podrían tener la inclinación de trasladar el debate al tema de familias con padres del mismo género. Esto aleja el debate del concepto de matrimonio y lo lleva, artificialmente, al tema de la crianza de los niños que han perdido o han sido separados de sus mamás o papás o ambas cosas. El matrimonio no es un requisito para adoptar o criar un niño. Se habla de esto en mayor detalle en la Parte 5, "Evitando Trampas Comunes").
- Considere lo siguiente: En 2009, el Ministerio de Justicia de EE.UU. declaró en un memorial oficial que: "El Gobierno no afirma que existan intereses gubernamentales lícitos en 'crear una estructura legal que promueva la crianza de niños por ambos padres biológicos'..."[4]. **¿Ud. cree que esto sea verdad?**

---

3 *Donum Vitae*, A1
4 *Smelts v. United States* (Doc. 42 at 8-9)

3. **¿Alguien tiene el derecho de crear a un niño con la intención de privarle a él o ella de conocer y ser cuidado por la madre del niño o el padre o ambos?**
   - Considere usted la realidad de aguellas personas concebidas artificialmente mediante la donación de semen u óvulos, o la utilización de madres sustitutas para procrear un niño para otra persona. La realidad es que esas personas buscan a sus padres y madres anónimos y a sus hermanos y hermanas – son parte integral de la identidad de esa persona.
   - Considere usted: ¿Alguien en verdad tiene derecho a un niño? ¿Alguien tiene derecho sobre otra persona?

4. **¿Deberían el gobierno, las escuelas y otras instituciones societarias fomentar el ideal, y singular valor, de que los hombres y las mujeres deben contraer matrimonio antes de tener hijos?**
   - Considere usted las consecuencias humanas producto del colapso del matrimonio sobre la pobreza, la delincuencia, las tasas de abandono escolar, la membresía en las pandillas, las tasas de encarcelamiento, etc. *Es una tragedia sociológica con costos humanos reales. Vidas que están siendo puestas en peligro y muchas almas que no pueden alcanzar su potencial. ¿Tenemos una obligación con las futuras generaciones? ¿Necesitamos trabajar para reconstruir una cultura matrimonial para revertir esta tendencia?*

- Considere lo siguiente: Tanto eruditos de la Institución Brookings[5], que es una institución de tendencias progresistas e izquierdistas, como aquellos de la la Fundación Heritage[6], que es una entidad de investigación de índole conservadora, han sugerido crear programas adaptados a cambiar la conducta humana para promover el matrimonio. Ejemplos de tales esfuerzos para cambiar los comportamientos humanos incluyen: el no fumar, el decir no a las drogas, el utilizar cinturones de seguridad, el respetar el medio ambiente, el comer comida saludable, el hacer ejercicios, etc. ¿Ud. cree que cambiar la postura y la conducta del público respecto a la importancia del matrimonio que une a los niños con sus mamás y papás es tan importante como las campañas contra la obesidad y las de no fumar?
- Considere usted: Mientras algunos estudiosos de las políticas públicas alientan programas e instituciones que unen a los niños con sus mamás y papás, otros dicen que eso discrimina a los homosexuales porque promueve un tipo de familia (en la que los niños están juntos a sus padres) en detrimento de otro (en el que los niños están privados de su madre o padre o de ambos). ¿Qué es lo que Ud. piensa? ¿Es discriminatorio tener una política que solamente alienta a hombres y mujeres a casarse antes de tener hijos?

5 Ron Haskins e Isabel Sawhill, *Creating an Opportunity Society* (Brookings Institution, 2009).

6 Rector., "Marriage", Heritage Foundation.

PARTE 5

Evitando las Típicas Trampas que Impiden la Comunicación para abogar por Políticas Publicas Respecto al Matrimonio y la Familia

1. Utilice dos conceptos encontrados del matrimonio

Siempre enfoque la discusión en el interés común respecto a estas dos definiciones contradictorias del matrimonio.

a. ¿Es el matrimonio meramente una institución para el reconocimiento público de relaciones consensuales? (para la plena realización de los adultos),
b. ¿Es el matrimonio una institución que une a un hombre y a una mujer entre sí y a los niños que nacen de su unión?

Estas dos definiciones son muy diferentes y son incompatibles entre sí. La primera definición es la que debe ser incorporada en forma efectiva a las leyes que permiten el matrimonio entre parejas del mismo género.

El problema es que la mayoría de las personas entienden el matrimonio como meramente el reconocimiento público de una relación consensual entre un hombre y una mujer que crea una situación ideal para criar niños. Este concepto hace que sea difícil defender el matrimonio entre un hombre y una mujer excepto sobre la base de la tradición, la verdad bíblica, la complementariedad o los resultados de la crianza.

Pero esa primera definición no es lo que es el matrimonio. Es mucho más. Es una realidad humana que, cuando sea reconocida por individuos, sean hombres o mujeres, por su elección libre, *el matrimonio los une entre sí y cualquier hijo nacido dentro de sus uniones.* Esto es lo que es: eso es lo que hace. Es un hecho.

La explicación de esta etapa en la Parte 2 vale la pena repetirla: Aquella "describe la comunión del hombre y la mujer que conduce a una comunión entre padre e hijo". Aquella "describe una comunidad de vida y amor íntima y expresa la procreación, complementariedad, maternidad y paternidad, el carácter irremplazable y no sustituible, parentesco, familia, el bien de los hijos, *y aún el potencial para la congoja de la infertilidad"* – la totalidad de lo que es el matrimonio.

Más importante aún, el describir al matrimonio de esta manera lo presenta como algo que está correlacionado con la común a la experiencia humana cada uno, y por tanto la de cada uno–la experiencia de añoranza por un vínculo con y el conocer a nuestro padre y madre.

Debido a la influencia cultural que ha cambiado la forma como la mayoría entiende y percibe el amor, la sexualidad humana, el matrimonio y la familia, es difícil para muchos entender lo que es el matrimonio, el interés público, y las consecuencias de redefinirlo sin contrastar las dos definiciones encontradas y a través de la búsqueda de la comprensión del interés público de cada uno.

Además de aclarar este tema, notarán que la homosexualidad deja de ser un factor. Si se puede argumentar que redefinir el matrimonio meramente como el reconocimiento público de una relación consensual para el pleno beneficio de los adultos, habría muy poca justificación para privar a parejas del mismo género de participar en él. Sin embargo, existe un argumento persuasivo para continuar reconociendo la realidad del matrimonio entre un hombre y una mujer que los une entre sí y con los hijos nacidos dentro de su unión.

2. El vocablo "matrimonio del mismo género" es una trampa.

Nunca utilice el vocablo "matrimonio gay" o "matrimonio de personas del mismo género". El uso del término "matrimonio gay" o "matrimonio de personas del mismo género" implica la participación de parejas del mismo género en el matrimonio. Asimismo, este termino oscurece el hecho que para favorecer las a parejas del mismo género, el matrimonio debe ser redefinido en la ley como el simple reconocimiento público de una relación consensual entre dos adultos y el concepto de matrimonio entre un hombre y una mujer, como la única institución que une a los hijos con sus madres y padres, debe ser eliminado

Por lo tanto sería más preciso describir la esencia del debate de la siguiente manera: como "redefinir el matrimonio para favorecer a las parejas del mismo género."

Eliminar la única institución que une a los hijos con sus madres y padres presume que no existe un interés público en este tipo de institución, lo cual no es cierto, especialmente cuando uno toma en cuenta las consecuencias del colapso del matrimonio. Además, y de forma sorprendente para muchos, redefinir el matrimonio haría que sea legalmente discriminatorio para las instituciones públicas y privadas fomentar el ideal de niños siendo unidos con sus mamás y papás, puesto que violaría el principio de igualdad en las relaciones e igualdad en la crianza de hijos.

3. Evite argumentar sobre lo que es "bueno" para niños.

Esto tal vez lo sorprenda, pero no hable acerca de los que es "bueno" para los niños o de lo que ellos necesitan.

Evite decir cosas como, "Los hijos necesitan una madre y un padre"; "Un niño necesita amor de madre y amor de padre"; o "Tener una madre y un padre casados es bueno para los hijos".

Puede que estos ejemplos expresen algo verdadero, pero presentan dos problemas. Primero, qué es "bueno" o qué "se necesita" es algo subjetivo – depende de la perspectiva de la otra persona. Algunos creen que todo lo que necesitan los niños es una pareja afectuosa, o simplemente alguien que los quiera. Ciertamente, aquellos niños criados por una madre o padre soltero o parejas del mismo género se adaptan y tienen buenos resultados tal como reflejan algunas investigaciones sociales. Algunas personas contestarán incluso que muchos niños están mejor con parejas del mismo género que aquellos criados por sus propios padres casados. Puesto que el "bien" del niño es subjetivo y discutible, el debate se desplaza de la realidad que el matrimonio une a los hijos con sus mamás y papás a la capacidad de criarlos. Pero la capacidad para la crianza en verdad no tiene nada que ver con la definición de lo que es el matrimonio.

El segundo problema con esta táctica de debate es más sutil. Tome en cuenta que cuando las personas hablan acerca de que los niños necesitan una madre y un padre, uno podría suponer que se están refiriendo a la madre o padre del niño, pero algunas personas oyen esta frase como si se hablara de un rol o modelo de padre o madre en vez de pensar en personas concretas. Son los verdaderos padres y madres de los niños los que son irremplazables y los que, en verdad, forman parte integral de su identidad. Esto podrá parecer insignificante, pero tengan en cuenta que un argumento clave para redefinir el matrimonio y la familia es que los papeles de género son intercambiables cuando se trata de la crianza de los niños.

Más bien céntrese en el hecho que cada niño tiene una madre y un padre y que tienen el derecho humano fundamental de saber quién es y, en lo posible, ser criados por su madre y padre. Es, por lo tanto, razonable sostener que un niño tenga el derecho de nacer en una familia con una madre y un padre que primero se hicieron irremplazables el uno con el otro a través de la institución del matrimonio[1]. Se puede verificar la veracidad

1 *Donum Vitae*, A1

de este derecho volviéndose al deseo que todos tienen para tener una relación con el hombre y la mujer que los vio nacer. Es parte de la identidad de cada uno.

4. No deje que el debate se desplace del matrimonio a la capacidad para la crianza.

Tal como se explico en el punto número 3 más arriba, es fácil que las conversaciones acerca del matrimonio se desplacen a un debate sobre la capacidad de la crianza. Acuérdense, cada niño tiene una madre y un padre. Los niños que han perdido o que han sido separados de sus madres o padres a sus padres son criados o adoptados por otros como una cuestión de caridad. El matrimonio no es un requisito para la crianza. Sin embargo, el matrimonio entre un hombre y una mujer es la única institución que une a los chicos con sus mamás y papás. Ese es el único interés societario para el reconocimiento civil del matrimonio y para que las instituciones tanto públicas y privadas lo promuevan.

5. Evite utilizar la biología o las ciencia sociales para justificar el matrimonio entre un hombre y una mujer.

La verdad respecto a la persona humana, el matrimonio y la familia nunca podrán ser conocidos mediante las ciencias.

La biología podrá decirnos que un hombre y una mujer son incompletos biológicamente sin el otro y que en el acto conyugal ellos se convierten en un solo organismo humano. El filósofo/

teólogo moral Germain Grisez expresa esta realidad en forma hermosa: "Los cuerpos que se convierten en una sola carne en el coito son personas: su unidad en cierto sentido forma una sola persona, el creador en potencia de quien un nuevo individuo humano fluye[2]." Pero esto no es lo que constituye el matrimonio. El matrimonio es el reconocimiento de esta realidad por el estado, la cultura, religiones y el hombre y mujer individualmente. Por su libre albedrío, ellos se hacen irremplazables el uno al otro en el matrimonio y se comprometen al bien común de la unión en preparación para recibir una nueva vida como de igual valor y dignidad a ellos mismos[3].

Las investigaciones de las ciencias sociales realizadas sobre este tema pueden demostrar que "los niños están mejor con una madre y un padre", pero esta prueba no debe ser utilizada como un argumento a favor de definir el matrimonio en la norma legal. Solo debe ser usada en combinación con datos demográficos para poner en claro a las personas las consecuencias del colapso del matrimonio y el imperativo de que las normas legales y las instituciones públicas promuevan el matrimonio de hombre y mujeres antes de que tengan hijos. Si las investigaciones de estudios sociales se utilizan para defender el matrimonio, el debate inevitablemente nos llevará a la capacidad para la crianza y no a la esencia del matrimonio.

2 *Germain Gisez,* citado por William E. May, *El Matrimonio: La Roca sobre la que está Construida la Familia,*(Ignatiud Press,: San Francisco: 2009), 73

3 William E. May, *El Matrimonio: La Roca sobre la que está Construida la Familia,*(Ignatiud Press,: San Francisco: 2009), Cap. 1.

Las ciencias sociales no nos pueden decir nada acerca de la dignidad intrínseca de la persona, los deseos del corazón, lo que es el amor, o la relación primordial entre madre y padre e hijo.

6. No diga "creemos que" cuando lo que quiere decir es "sabemos".

"Creemos" es una palabra con muchos significados. Cómo la utilizamos puede llevar a malentendidos en esta época de relativismo – "lo que es verdad para Ud. no lo es para mí". Decir "creemos" solo puede ser interpretado como "no estamos seguros" o "solamente es cierto para aquellas personas que sostienen una creencia específica". "Creer" es "saber" algo de una fuente confiable. Nunca use "creer" cuando puede usar "saber". Nos obliga a repensar respecto a lo que verdaderamente sabemos y cómo lo sabemos, y aquello sobre lo que no estamos seguros.

Por ejemplo, decimos, "Como católicos, creemos que el matrimonio solo puede ser entre un hombre y una mujer", ¿cómo interpretan esta frase nuestros hijos y amigos? "Esto es verdad para los católicos, ¿pero pueda que no sea verdad para otros?" O, "¿Esto es un artículo de fe o una cuestión dogmática que nosotros los católicos estamos tratando de imponer a la sociedad?"

Sin embargo, este no es un artículo de fe basado en la revelación divina. Nosotros sabemos que el matrimonio une a un hombre y una mujer el uno con el otro y con cualquier niño que nace de su unión. Esto es un hecho. Sabemos que esto es una realidad que no puede ser creada o cambiada, solamente reconocida. Saber aquello no depende de su fe o creencia en la existencia Dios. Sabemos que el matrimonio es la única institución que une a los chicos con sus mamás y papás. Esto es un hecho.

7. Evite debates acerca de la homosexualidad.

Evite la tentación de debatir cuestiones de ética sexual y la moralidad de la homosexualidad con relación a las políticas públicas respecto al matrimonio y la familia. Esto no quiere decir que la ética sexual no es un tema importante para reconstruir una cultura del matrimonio, pero como ya se ha demostrado en los argumentos expresados en las anteriores secciones de esta guía, la cuestión de la homosexualidad y la ética sexual tiene (o debiera tener) muy poca relevancia con el debate público sobre las políticas respecto al matrimonio. Esto será demostrado en mayor detalle en la Parte 6: *Preguntas que se Hacen con Frecuencia*.

El comenzar a debatir acerca de la homosexualidad, los estilos de vida de los homosexuales, la ética sexual y la conducta personal puede llevar a malos entendidos y a serias confusiones. Los propulsores de redefinir el matrimonio tratan de inducir a los propulsores del matrimonio tradicional a entrar en este tipo de debates porque esto logra desplazar el debate del matrimonio hacia un debate sobre el trato justo de los homosexuales. La realidad del matrimonio y las consecuencias de redefinirlo debe ser el único enfoque del debate sobre las políticas estatales.

La promoción de cualquier respuesta indebida al impulso sexual daña a todos, ya sea que estén atraídos al mismo género o no. Hace que las personas reduzcan a otros a objetos de uso. Violan su dignidad, y socavan su búsqueda de amor, intimidad y amistad. Esto es un problema que contribuye al colapso del matrimonio entre hombres y mujeres, y debe ser manejado como parte del esfuerzo en conjunto para reconstruir una cultura de matrimonio.

8. No utilice argumentos basados en la religión.

No es apropiado utilizar la doctrina religiosa o citas bíblicas para justificar las posturas referentes a las políticas estatales apropiadas respecto al matrimonio y la familia.

No solamente produce un alegato ineficaz, pero imponer un artículo de fe sobre las personas o la sociedad entra en clara contradicción con la libertad de expresión religiosa de otros. Esto sería inconstitucional y contrario a la enseñanza católica.

Los argumentos sobre políticas estatales siempre deben estar basados en la razón purificada por la fe[4]. *El matrimonio es una realidad humana – una institución basada en reconocer la característica que la distingue de cualquier otra relación – el fundamento de la familia natural.* Por esto el matrimonio ha sido reconocido de modos diferentes por todas las culturas, sociedades y religiones a lo largo del tiempo y de la historia.

---

4 Papa Benedicto XVI, Carta Encíclica sobre el Amor Cristiano, *Deus Caritas Est,* (25 de diciembre 2005), no. 28

Las enseñanzas católicas y las Sagrada Escritura no generan la realidad pero proveen una comprensión más profunda de lo que es real para los creyentes, aquellos que confían en Cristo y su Iglesia.

9. No use términos ideológicos

Lamentablemente, muchas personas ven las cuestiones sobre políticas estatales respecto al matrimonio y la familia a través de un lente ideológico y consideran las posturas ya sea como progresistas, izquierdistas o conservadoras. No son ni el uno ni el otro, pero basadas en una realidad que todos pueden reconocer como verdadera independientemente del punto de vista ideológico de cada uno. Como escribió el renombrado biógrafo del Papa Juan Pablo II, George Weigel, "la Iglesia Católica es acerca de lo que es verdadero-y-falso, no lo que es progresista-conservador[5]."

5 George Weigel, "Católicos y la Modernidad,", *National Review Online,* 12 de Julio 2012.

ഊഗ

PARTE 6

Preguntas que se Hacen con Frecuencia respecto a Redefinir el Matrimonio y Cuestiones Relacionadas con Él.

6.1. EMPEZANDO BIEN

P-1 ¿Por qué se opone al "matrimonio de personas del mismo género?

R No me opongo al "matrimonio de personas del mismo género": Me opongo a redefinir el matrimonio para congraciarnos con las parejas del mismo género.

P-2 ¿Cuál es la diferencia entre oponerse al "matrimonio entre personas del mismo género" y oponerse a redefinir el matrimonio?

R El matrimonio entre un hombre y una mujer es una institución que no solo los une entre sí pero con todos los hijos nacidos de esta unión. Para tomar en cuenta las demandas del movimiento de derechos de los homosexuales, el matrimonio tendría que ser redefinido simplemente como el reconocimiento legal de una relación consensual para la plena realización de los adultos. Eliminar el matrimonio entre un hombre y una mujer de la legislación, eliminaría la única institución que une a los hijos con sus mamás y papas.

P-3 Las parejas del mismo género no quieren redefinir el matrimonio, solo quieren participar de él.

R Las parejas del mismo género no pueden participar en el matrimonio salvo que sea redefinido como meramente el reconocimiento público de una relación consensual. Pero eso no es lo que es, esencialmente, el matrimonio. El matrimonio es mucho más que eso. El matrimonio une al hombre y la mujer entre sí y entre ellos y cualquier hijo que nace de su unión. Eso es un hecho que solo puede ser reconocido y jamás cambiado.

P-4 ¿Por qué no pueden coexistir las dos definiciones del matrimonio para que todos estén felices?

R Con el decaimiento del matrimonio y más y más niños siendo privados de su derecho fundamental a conocer y ser criados por su mamá y papá, es crítico que las instituciones públicas y privadas promuevan el valor único de que hombres y mujeres se casen antes de tener hijos. El concepto de la "igualdad matrimonial" es que parejas comprometidas entre parejas del mismo género y del género opuesto sean públicamente reconocidos como de igual valor a la sociedad. Esto haría que sea discriminatorio que instituciones públicas y privadas promuevan el interés público único del matrimonio entre un hombre y una mujer. El matrimonio tendría que ser enseñado en las escuelas como algo que es distinto y separado de los niños y la familia, o simplemente un estilo de vida alternativo si alguien quiere tener un hijo.

P-5 Yo tengo un hijo que es homosexual. Todos queremos que nuestros hijos estén en una relación estable, comprometida y afectuosa. ¿Ellos no tienen el derecho de ser felices también?

R. ¿Qué es lo que Ud. busca para su hijo o lo que él o ella busca para sí mismo o misma? ¿No es el amor y amistad verdaderos? El verdadero amor no es cuestión de un contrato legal, sino más bien un asunto de la voluntad – un compromiso que debe ser dirigido al florecimiento del otro y para recibir al otro como un don de infinito valor y dignidad. Esto es lo que conduce a la felicidad, no un contrato legal o la palabra "matrimonio". El verdadero amor no siempre es fácil y exige virtud para realmente entender qué es lo que contribuye al florecimiento del otro. En los hechos, el verdadero amor a menudo conlleva sufrimiento. Cuando uno hace que la felicidad sea el objetivo de una relación, la otra persona es reducida a un objeto cuyo propósito es el de producir felicidad. Cuando una persona deja de ser feliz, la base de la relación colapsa–es decir, nunca hubo amor ni compromiso para comenzar[1].

1 Karol Wojtyla, *Amor y Responsabilidad,* (Ignatius Press, San Francisco, 1993), cap. 1.

P-6. Los gays quieren casarse por las mismas razones que las parejas heterosexuales quieren casarse. ¿No tienen los homosexuales el derecho de amar a las personas que escogen?

R. Todos están hechos para amar, pero no todos están hechos para el matrimonio. Mientras que el amor, siendo dirigido al bien del otro, es importante para el matrimonio, no existe ningún interés público en definir la única institución que une a los niños con sus mamás y papás borrándola de la existencia meramente para crear en su lugar una institución con el único fin de consagrar una relación amorosa para el beneficio de los adultos. **UNA NOTA ACERCA DE LAS UNIONES CIVILES. No ceda a la tentación de sugerir que los pseudo-matrimonios (uniones civiles o sociedades domésticas) son una alternativa aceptable para las parejas del mismo género. Este tipo de unión genera confusión acerca de la realidad del matrimonio y refuerza el erróneo concepto de que el matrimonio no es nada más que el reconocimiento público de una relación consensual entre adultos, Ver la Sección 12.UNIONES CIVILES Y SOCIEDADES DOMESTICAS.)**

P-7 El no permitir a las parejas del mismo género que se casen viola sus derechos humanos. Es injusto y discriminatorio.

R Existen dos conceptos contradictorios de lo que es el matrimonio. Algunos creen que es simplemente el reconocimiento público de una relación consensual entre adultos. Si eso es todo lo que es el matrimonio, podemos estar de acuerdo que sería discriminatorio impedir que parejas del mismo género se casen porque no habría una base racional para restringirlo a un hombre y una mujer. No estaría relacionado a tener hijos y una familia. El matrimonio, sin embargo, es mucho más. El matrimonio une a un hombre y una mujer entre sí y con cualquier hijo que nace de su unión. Es una realidad que solo puede ser reconocida por la ley y no modificada.

Nota: Los grupos a favor de los derechos para homosexuales ya no están alegando que parejas del mismo género deberían tener el derecho de casarse para tener el beneficio del privilegio de visitas hospitalarias si su pareja se enferma. Las normas reglamentarias federales que entraron en vigencia en 2001 exigen que los hospitales permitan que los pacientes nombren a determinados individuos que tienen los mismos derechos y privilegios como los familiares. Este reglamento favorece a todos las personas solteras con amigos íntimos, incluyendo sacerdotes y miembros de órdenes religiosas.

6.2 YA ES HORA DE CAPITULAR Y PONER FIN A LA GUERRA CULTURAL.

P-8 El "matrimonio de personas del mismo género" es inevitable. Ya es legal en una cantidad de estados y las encuestas de opinión indican que más y más gente lo apoya.

R Cada vez que el matrimonio "tradicional" ha estado en la papeleta de voto, los electores lo han apoyado. Aquellos que tratan de redefinir el matrimonio nunca tuvieron una victoria electoral – ni una victoria. En los hechos en muchos de los estados que han redefinido el matrimonio, los electores han sido privados del derecho de votar sobre el matrimonio. En las causas judiciales en los cuales el matrimonio tradicional fue anulado, los tribunales han considerado el matrimonio como meramente el reconocimiento público de una relación consensual para la realización plena de los adultos.

Como una cuestión de justicia y protección de los derechos humanos de los niños, es esencial que el matrimonio, la única institución que une a los hijos con sus madres y padres, sea restituida en cada jurisdicción donde ha sido eliminada.

P-9 Vivimos en una sociedad en la que todos necesitan llevarse bien y simplemente aceptar los unos a los otros. Es hora de dejar de denigrar y estigmatizar las relaciones de personas del mismo género. En aras de la paz, simplemente pondremos fin a la guerra cultural y dejemos que las parejas del mismo género se casen.

R. Esto presume que el debate acerca del matrimonio solamente gira en torno a los intereses de los adultos, e ignora el interés y derecho de los niños de nacer en una familia verdadera con un padre y una madre casados. Demasiados niños son privados de ese derecho hoy. Es esencial que las leyes no sólo reconozcan a la única institución que une a los hijos con sus madres y padres, pero que además activamente promuevan el valor único de que hombres y mujeres se casen antes de tener hijos.

Lamentablemente, hubo mucha causticidad en el debate relacionado con el matrimonio en ambos bandos. Hubo demasiada atención centrada en la homosexualidad y el interés de los adultos que poco tiene que ver con el interés público de la única institución que une a los hijos con sus madres y padres.

P-10 En vez de pelearnos sobre el matrimonio, personas en ambos lados del debate deberían componer sus diferencias y trabajar para fortalecer el matrimonio.

R. Es crítico cambiar las leyes y aprobar políticas que reduzcan el decaimiento del matrimonio, que contribuye a que más niños vivan en la pobreza y las consecuencias trágicas de hogares sin padres. Revertir esta tendencia exige la educación de los jóvenes sobre la realidad del matrimonio que une a un hombre y una mujer entre sí y con los hijos que nacieran de su unión. También requiere que se enseñe que no es correcto tener un hijo fuera del matrimonio. Las familias alternativas en los que los niños son privados de madres y padres casados deben ser desalentadas. Las escuelas deben enseñar la respuesta correcta al deseo sexual, el verdadero sentido del amor, y como desarrollar la clase de relaciones que conducen a matrimonios saludables. Todo aquello entra en contradicción con las propuestas para redefinir el matrimonio, promover familias sin madres y padres casados, y abogar por cursos de estudio y políticas que separan el sexo de la procreación y matrimonio.

6.3. FAMILIAS ALTERNATIVAS, LA CRIANZA POR "GAYS" Y LA PROCREACIÓN

P-11 ¿Por qué el matrimonio debe privilegiar un tipo de familia por encima de otro tipo? ¿Eso no es discriminatorio?

R Todo niño tiene un derecho humano fundamental de conocer y, en lo posible, ser criado por su madre, padre o ambos. El matrimonio es la única institución que promueve este interés. Es también en el interés del niño (reconocido por la *Convención de la ONU sobre los Derechos del Niño, Art. 7,9).*

P-12 Las parejas del mismo género también tienen familias. ¿Acaso sus hijos no tienen el derecho de tener padres casados?

R Esto cambia el tema del matrimonio a la crianza de un niño que ha sido separado de su madre, padre o ambos. Siempre es una tragedia cuando esto ocurre porque las madres y los padres son parte de la identidad y contribuyen a su desarrollo. Sin embargo, cuando esto ocurre, como una cuestión de caridad, otras personas se hacen cargo de la crianza. No es necesario que estén casados. Puede ser un familiar soltero u otros.

P-13 Las parejas del mismo género pueden tener sus propios hijos. ¿Por qué deben ser privados de casarse?

R Esta pregunta tampoco tiene relación con el matrimonio, pero plantea otra cuestión ética. Toda persona, sin excepción, tiene una madre y un padre. Cuando se crea un niño mediante un donante de semen u óvulo, esto significa que se priva intencionalmente al niño de que sepa quiénes son y que sea criado por su madre o padre o ambos, lo cual es una violación de su derecho humano fundamental.

P-14 ¿Está Ud. diciendo que familias con padres solteros u homosexuales son ilegítimos o inferiores a familias con una madre y padre casados?

R De ninguna manera. Uno debe presumir que todos los que están criando niños tratan de hacerlo lo mejor que puedan. Algunos harán su trabajo aún mejor que algunos padres que están casados, pero en realidad los niños en esas situaciones han perdido algo común a cada niño que está vinculado a su identidad y desarrollo – lo cual no es una situación ideal. Es importante reconocer que cualquiera que está criando niños tiene un trabajo muy importante y difícil.

P-15 las parejas del mismo género y las personas solteras tienen tanto derecho a tener un hijo como cualquier otra persona.

R Nadie tiene derecho sobre otra persona. ¿Alguien tiene derecho sobre Ud.? Pensando de ese modo se ve al niño como si fuera un bien, una cosa o un objeto y no como un don – una persona de igual valor y dignidad que un adulto. Todos tienen el derecho fundamental de procrear, pero salvo que aquello se realice dentro del vínculo matrimonial, entra en conflicto con el derecho fundamental del niño de nacer dentro de una familia, y de conocer y ser criado tanto por su madre y su padre. No es correcto privar al niño intencionalmente de ese derecho sin causa justa. Esto es algo de sentido común y puede ser confirmado por nuestro propio deseo para estar conectados con el hombre y la mujer de quienes derivamos nuestro origen[2].

P-16 Algunas parejas del mismo género son mejores en la crianza de los niños que muchas madres y padres heterosexuales.

R Es un razonamiento falso comparar lo mejor de uno contra lo peor de otro.

Nota: Los defensores de redefinir el matrimonio a menudo intentan fortalecer su posición centrándose en la capacidad de los padres y los resultados con los niños. Esto desplaza el debate del matrimonio a la crianza de niños que han perdido o han sido separados de su

2 CDF, *Donum Vitae,* A1 y *Reconocimiento de las Uniones Homosexuales,* 7, Beato Juan Pablo II, *Centesimus Annus,* 154b; Beato Juan XXIII, *Pacem in Terris,* nos. 16,17,28.

mamá, su papá o ambos. Muchos no se dan cuenta del cambio y tratan de argumentar sobre los resultados, y sobre la base de las ciencias sociales. El matrimonio no quiere decir quién puede criar a los hijos mejor. El único interés público para reconocer la realidad del matrimonio es que aquel que une a los hijos con sus mamás y papás. Esto corresponde al interés y derecho humano del niño.

P-17 ¿No es la situación con una pareja estéril en un matrimonio la misma que la de una pareja del mismo género?

R No todas las personas casadas tienen hijos, pero cada niño tiene una mamá y un papá, y el matrimonio es la única institución que los une en una familia. Ese es el principal interés público para el matrimonio.

P-18 Cuando Ud. dice que el único interés público en el matrimonio es que es la única institución que une a los hijos con sus mamás y papás, ¿aquello no ignora muchos otros beneficios del matrimonio?

R Sí, existen muchos beneficios y bienes en el matrimonio, pero el hecho que une a un hombre y una mujer entre sí y con los niños que nacieran de su unión es la única razón por la cual el matrimonio ha sido reconocido como una realidad en cada cultura, cada sociedad y cada religión – cada una a su manera. Las familias unidas son la primera y la fundamental célula de la sociedad – la primera escuela del amor, paz y justicia. El matrimonio, su fundamento, debe ser apoyado por las leyes, el currículo escolary los planes de estudio. En realidad, cada institución dentro de la sociedad debe ser evaluada por cuán bien apoya el matrimonio y la familia[3].

6.4. QUE DIFERENCIA HARIA EN SU MATRIMONIO

P-19 ¿Cómo afectará su matrimonio el permitir que las parejas del mismo género se casen?

R No lo afectará, pero tendrá un impacto sobre cómo se enseñará el matrimonio en las escuelas y cómo los niños entienden el concepto de familia. Modificando la ley para tener en cuenta a las parejas del mismo género requiere que el concepto de matrimonio sea enseñado en los colegios como el simple reconocimiento de una relación consensual entre adultos sin ningún vínculo a los niños y la familia. (Ver Parte 2, *¿Qué es el "matrimonio del mismo género"?*). Esto afectará la postura que los jóvenes tendrán acerca del matrimonio y la familia y lo más probable es que afectará las decisiones que tomarán acerca del matrimonio, los hijos y la familia en sus vidas.

Nota: La creación de seudo matrimonios como las uniones civiles y sociedades domésticas podría

3 CCC, pte. 3, cap.2, art.1; Beato Juan Pablo II, *Carta sobre las familias,* nos. 7,17; Beato Juan XXIII, *Pacem in Terris,* No. 16.

tener el mismo efecto. (Ver Preguntas que se Hacen Frecuentemente en la Sección 12, UNIONES CIVILES Y SOCIEDADES DOMESTICAS).

P-20 Los heterosexuales han arruinado el matrimonio con sus altas tasas de divorcio y los nacimientos fuera del matrimonio. ¿De qué manera el permitir que las parejas del mismo género se casen podría empeorar esa situación?

R El matrimonio está en crisis con severas consecuencias societarias que incluyen el incremento en hogares sin padres y niños viviendo en pobreza. Las reformas para alentar a los hombres y mujeres a que se casen antes de tener hijos y mantenerlos dentro del matrimonio son sumamente necesarias. Redefinir el matrimonio de una manera que lo desvincula de los hijos y la familia no solamente prohibiría el promover el valor único de unir a los hijos con sus madres y padres, pero además haría que sea discriminatorio que instituciones públicas y privadas lo hagan. Esto abriría el camino a juicios y la amenaza de sanciones gubernamentales por promover el matrimonio. (Ver Parte 2, *¿Qué es el "matrimonio de personas del mismo género"?).*

6.5 EL MATRIMONIO CIVIL vs. EL MATRIMONIO RELIGIOSO

p-21 ¿Por qué no crear dos tipos distintos de matrimonio en las leyes, matrimonios civiles regulados por el estado y los matrimonios religiosos regulados por las religiones?

R El estado y las religiones reconocen la misma realidad que el matrimonio une al hombre y la mujer entre sí y con todos los hijos nacidos de su unión. Ellos simplemente lo reconocen de modos distintos de acuerdo a su competencia. El estado regula los aspectos de interés público: edad de consentimiento, distancia en las relaciones sanguíneas, ningún otro matrimonio pre-existente, etc. Las religiones podrán tener diferentes requisitos basados en los preceptos de una determinada fe[4].

P-22 ¿Por qué no excluir al estado del negocio de los matrimonios y solamente tener matrimonios religiosos o privados? Eso incrementaría el valor del matrimonio religioso.

R El derecho civil reconoce el matrimonio como una realidad humana que está vinculada a un derecho humano fundamental de los hijos y del interés público de promover el que los hombres y mujeres se casen antes de tener hijos. Sin que el matrimonio sea definido en la ley como la unión de un hombre y una mujer, las

4 Catecismo de la Iglesia Católica No. 1603

instituciones públicas no tendrían ninguna autoridad y de ese modo estarían impedidas de promover el interés público. El matrimonio no solo protege el bienestar de los niños pero también el de las madres. Los costos humanos y sociales del colapso del matrimonio tienen una relación directa al número de niños viviendo en la pobreza y al abuso y la negligencia para con ellos. Las Normas legales y las instituciones públicas deben ser juzgadas a la luz de que tan bien apoyan el matrimonio y la familia.

6.6. IGLESIA Y ESTADO, EL DERECHO FUNDAMENTAL PARA CASARSE, Y EL MATRIMONIO ENTRE RAZAS DIFERENTES

P-23 ¿Por qué la Iglesia Católica está tratando de imponer sus creencias acerca del matrimonio a la sociedad?

R Los católicos jamás deben tratar de imponer una doctrina o un artículo de fe a otras personas. Eso constituiría una violación de la dignidad de la persona y del derecho a la libertad de religión. Sin embargo, la iglesia está en lo correcto cuando proporciona una guía moral en la defensa de la dignidad de la persona, el matrimonio como el fundamento de la familia, y el derecho humano fundamental de los niños de nacer dentro de una familia con una madre y un padre casados[5]. La organización de la sociedad laica no es tarea de la Iglesia, sino de la política. La participación en esta tarea constituye papel de los laicos, utilizando el razonamiento purificado por la fe. Este razonamiento puede ser conocido por toda persona en forma independiente de la fe o creencia en Dios[6].

Ver la respuesta a P-21 respecto a que el estado y la religión reconocen la misma realidad.

P-24 El matrimonio ha evolucionado en el tiempo. Fue redefinido cuando la poligamia y los impedimentos al matrimonio entre razas fueron retirados. Permitir que las parejas del mismo género contraigan matrimonio es solo un paso más dentro de una institución en permanente cambio. Es el progreso.

R Los cambios en el matrimonio no fueron una redefinición del matrimonio. Ambos reconocen que el matrimonio une un hombre y una mujer entre sí así como a los hijos que nacen de la unión. La poligamia es solamente un hombre y el matrimonio con múltiples mujeres. Cada hijo tiene una madre y un padre unidos en matrimonio en un matrimonio polígamo. Pero la poligamia es injusta y dañina a las mujeres y niños.

5 *Donum Vitae,* A1
6 *Deus Caritas Est,* No. 28

De acuerdo a la enseñanza católica, la poligamia es "contraria a la igualdad de la dignidad de hombres y mujeres que dentro del matrimonio se dan a sí mismos con un amor que es total y por lo tanto único y exclusivo[7]."

P-25 La discriminación contra los homosexuales y las lesbianas se asemeja a la discriminación contra los negros cuando estaba prohibido el matrimonio entre razas en los EE.UU.

R No existe un nexo. La historia nos revela que la razón por la cual se prohibía los matrimonios entre las razas estaba basada enteramente en la eugenesia – en mantener la pureza de la raza. Hoy es inconcebible que la creencia de muchos de principios a mediados del siglo 20 de que el permitir el matrimonio entre razas provocaría el fin de la raza blanca puesto que "una gota de sangre negra" convertiría a la persona en negro. Hasta la década de 1960 era muy poco usual que las personas procreen fuera del matrimonio, de manera que la prohibición del matrimonio entre razas tenía el efecto de prohibir la procreación (*Loving v. Virginia* –Corte Suprema de los EE.UU.).

7 Catecismo de la Iglesia Católica No. 2387.

P-26 Existe un derecho fundamental al matrimonio. Prohibir el matrimonio para parejas del mismo género viola ese derecho.

R Cuando la Corte Suprema de los Estados Unidos echó abajo las prohibiciones contra el matrimonio entre razas, ellos sí determinaron que existía un derecho fundamental al matrimonio, pero una lectura atenta de la decisión deja en claro que ese derecho estaba atado al derecho fundamental de procrear, puesto que en ese tiempo era poco usual que una persona procrease fuera del matrimonio. Una prohibición al matrimonio era, en esencia, una prohibición al derecho de procrear, lo cual dio una base para echar abajo las leyes en contra del cruce de razas. Por lo tanto este precedente no se aplica a las parejas del mismo género. (*Loving v. Virginia* –Corte Suprema de EE.UU.).

6.7. ADOPCIÓN

p-27 ¿Por qué la Iglesia Católica dice que las adopciones por homosexuales violentan a los niños? Eso es un ejemplo atroz de discriminación.

R Una lectura cuidadosa del documento, *Consideraciones sobre el Reconocimiento Legal de las Uniones Civiles,* demostrará que la iglesia no está refiriéndose a la violencia física, sino de la violación de la dignidad de los niños quienes ya han sido privados de sus madres y padres. Colocándolos en un hogar con una pareja del mismo género es una segunda privación – esta vez se les priva de la experiencia de ser criados por madres y padres adoptivos, las únicas personas que legítimamente pueden sustituir a las madres y los padres de quienes los niños ya fueron privados.

P-28 Pero las personas solteras pueden adoptar. ¿Y, no sería mejor que un niño tenga un hogar estable con padres amorosos en vez de quedarse en un orfelinato o con una familia de acogida?

R Será más justo para el niño que sea adoptado por un hombre y una mujer que primero se hicieron irremplazables el uno para el otro mediante el matrimonio. A veces hay más niños que necesitan ser adoptados que hombres y mujeres casados que estén dispuestos a adoptar. Se hará más justicia alentando a más hombres y mujeres casados a adoptar niños.

6.8 AMOR, SEXUALIDAD Y DISCRIMINACIÓN

p-29 ¿Por qué la Iglesia condena a los homosexuales y lesbianas?

R La iglesia no condena a nadie: solo Dios puede juzgar. La iglesia enseña la dignidad inviolable de cada persona como una manifestación del amor de Dios. Es debido a esta dignidad que cada persona debe ser tratada con respeto y dignidad y libre de discriminación injusta.

Catecismo de la Iglesia Católica Art. 2358: "El número de hombres y mujeres que tienen tendencias homosexuales profundas no es desdeñable. Esta inclinación, que es objetivamente trastornada, constituye para la mayoría de ellos un padecimiento. Ellos deben ser aceptados con respeto, compasión y sensibilidad. Toda señal de discriminación injusta respecto a ellos debe ser evitado."

P-30 ¿No es cierto que el Catecismo enseña que la homosexualidad es un trastorno?

R Esto es una fuente de malos entendidos y dolor para muchos. El Catecismo enseña que los actos homosexuales son intrínsecamente trastornados, no las personas. Es un término filosófico preciso que se refiere a actos que no coinciden con el orden de la naturaliza para propagar la vida. Es posible que parejas de hombres y mujeres practiquen el mismo tipo de actos sexuales que las parejas homosexuales, y estos actos heterosexuales son igualmente e intrínsecamente desordenados que aquellos actos homosexuales, por las mismas razones. En cualquiera de los casos, no solamente es una ofensa contra Dios, sino que es dañino a las personas involucradas porque es un acto de utilización de la persona y por tanto una violación de la dignidad de él o ella.

P-31 Las personas que se oponen al "matrimonio del mismo género" alegan que el amor entre las parejas del mismo sexo es inferior a aquel entre hombres y mujeres. Los homosexuales pueden amar igual que cualquier otra persona.

R Todo ser humano está hecho para amar, pero no todos están hechos para el matrimonio. Muchos confunden las relaciones sexuales con el amor. Mientras aquellas pueden dar una ilusión de intimidad, las personas pueden ser fácilmente reducidas a meros objetos de uso, aún dentro del matrimonio. Cuando una relación recae en un contrato de uso mutuo, es contrario al amor, a la intimidad y la amistad. En estos casos, el amor, la intimidad y la amistad que se buscan sinceramente se vuelven difíciles o imposibles de lograr[8].

"Sin amor el hombre es incomprensible para sí mismo[9]".

P-32 Los heterosexuales tienen la posibilidad de tener el placer del sexo; ¿ es justo decir que los homosexuales no pueden? ¿Por qué debieran ser excluidos?

R El impulso sexual es compartido por todos, por lo que la pregunta se vuelve cómo responder a él y conseguir el

8 Beato Juan Pablo II, *Amor y Responsabilidad,* cap. 1

9 Beato Juan Pablo II, la Carta Encíclica, sobre el Redentor del Hombre, *Redemptor Hominus,* (Marzo 4, 1979), no. 10

dominio sobre él a cambio de lograr el verdadero amor e intimidad. Cuando el placer se convierte en la finalidad deseada, el ser humano (cuerpo y alma) es reducido a un medio o un objeto de uso. **Utilizar a una persona es lo opuesto del amor.** Su utilización envilece a la persona y viola su dignidad intrínseca ya sea que se den cuenta o no, o si consienten a ello o no. El amor y la intimidad no pueden ser logrados entre una persona y un objeto, solo puede ser logrado entre dos sujetos (actores) de igual valor y dignidad. Tomando en cuenta el daño que se hace en reducir otra persona a un objeto de uso, la castidad se convierte en un acto de amor en vez de ser visto meramente como un acto de auto privación. Esto podrá ser difícil de aceptar, pero cuando se lo considera con una mente abierta, es de sentido común[10].

6.9. CONFLICTO CON LA LIBERTAD DE CONSCIENCIA/ EXPRESIÓN RELIGIOSA

P-33 El redefinir el matrimonio no afectaría a las religiones: la Primer Enmienda de la Constitución de EE.UU. prohíbe ley alguna que podría interferir con el ejercicio libre de una religión. Por lo tanto, el estado no podría obligar a los religiosos, sacerdotes, rabinos o imanés a casar a personas en conflicto con su fe.

10 Beato Juan Pablo II, *Amor y Responsabilidad,* cap.3

R Es verdad que los clérigos no podrían ser obligados a casar a personas que no reúnen los requisitos para hacerlo bajo los dogmas de su fe. Empero, las iglesias, sinagogas mezquitas u organizaciones como los Caballeros de Colón podrían ser enjuiciados por discriminar si dejan de alquilar o proporcionar acceso a otros individuos u organizaciones de la comunidad (ligas deportivas, caridades, eventos particulares, etc.). Ellos también podrían ser amenazados con la eliminación de su exención de impuestos como una sanción por discriminación. Estos podrían incluir recepciones de "matrimonio", fiestas de aniversario, u otros eventos. Las Iglesias tratan de enseñar y formar a jóvenes en el verdadero significado del matrimonio. Ser obligados a reconocer tales eventos, proporcionándoles locales o servicios para ellos, que podrían entrar en conflicto con la práctica de la fe de uno mismo, y podría causar escándalo y confusión a los feligreses.

P-34 Modificando el matrimonio para permitir que parejas del mismo género puedan casarse no afectará a nadie más en forma adversa.

R El matrimonio es una realidad que sólo puede ser reconocida y nunca modificada. Si se modifican las normas legales para redefinir el matrimonio, cualquier persona que se adhiere a la realidad de lo que es el matrimonio y rehúsa reconocer una ley injusta y absurda será categorizado como discriminatorio bajo la nueva ley y sometido a persecución, pérdida de empleo u oportunidades de ser ascendido y en algunos casos de ser procesado. Los niños que no aceptan el matrimonio en la forma que fue redefinido también serán víctimas de persecución y potencialmente pueden caer victimas del matonaje.

6.10. MATRIMONIO Y PROCREACIÓN / INFECUNDIDAD

p-35 **El matrimonio no puede tratar sobre la procreación porque no todos los hombres y mujeres dentro del matrimonio procrean.**

R No todos los hombres y mujeres dentro del matrimonio tienen hijos, pero cada hijo tiene una madre y un padre. El matrimonio es la única institución que une a los hijos con sus mamás y papás, y por esa razón es un bien que debe ser protegido por la ley y promovido como una cuestión de política estatal.

P-36 **¿Por qué permitir que personas que no pueden procrear o que tienen más que la edad para tener hijos se casen?**

R El bien común por el cual se reconoce el matrimonio por el Derecho civil es el de promover la unión de los hijos con sus mamás y papás, y ayudar a proteger el bienestar y sus madres. Para que un matrimonio sea válido, debe ser consumado, lo cual quiere decir que el hombre y la mujer deben participar en un acto sexual cuya naturaleza es procreadora sin tener en cuenta la fecundidad (o lo fructífero que pudiera ser el acto), Haciendo esto, ellos proporcionan un bueno modelo a seguir, lo que ayuda a reforzar la norma de practicar actos procreadores solo dentro del matrimonio, fortaleciendo así a la única institución que une a los hijos con sus mamás y papas.

También, hombres y mujeres que son estériles tienen muchas opciones para vivir su vocación conyugal de amor, incluyendo el hecho de hacer irremplazable a ellos al hijo a través de la adopción. Por el hecho de hacerse irremplazables primero entre sí en el matrimonio, ellos se prepararon en forma excepcional para sustituir a la madre y padre del cual fue privado el niño.

6.11 ECONOMÍA

P-37 Algunas empresas alegan que salvo que el matrimonio sea redefinido para tener en cuenta la necesidad especial de las parejas del mismo género, ellas tendrán dificultad en reclutar a los mejores empleados para que vivan y trabajen en ese estado, especialmente si ya están viviendo en un estado en el que el matrimonio ya haya sido redefinido.

R Es una falta de conciencia que empresas aboguen por borrar de existencia mediante definición a la única institución que une a los niños con sus mamás y papás por razones de competencia comercial o de utilidad. Al hacerlo ellos están trabajando en contra de los esfuerzos de las mamás y papás trabajando para ellas, así como de sus clientes y accionistas que están tratando de enseñar a sus hijos acerca de la realidad del matrimonio y la sexualidad humana, y la importancia de escoger al matrimonio como el fundamento de la próxima generación.

Cuando las empresas apoyan al movimiento para redefinir al matrimonio, también crea un ambiente de trabajo hostil para empleados que están tratando de apoyar una cultura en la que el matrimonio es el fundamento de la familia – uniendo a los hijos con sus madres y padres.

NOTA: Esta aseveración es insostenible. Ocho de los diez mejores estados para hacer negocios (la encuesta de los máximos ejecutivos de *Chief Executive Magazine, 2*011, y *Forbes*) tienen enmiendas constitucionales que protegen el matrimonio. De los diez peores estados para hacer negocios, siete han redefinido el matrimonio o han creado seudo matrimonios (uniones civiles) para tener en cuenta las necesidades especiales de las parejas del mismo género.

P-38 Abriendo el matrimonio a más personas proporcionará más actividad económica debido a un incremento de matrimonios de parejas del mismo género.

R Esto es un argumento tan inverosímil que apenas justifica una respuesta. Es demasiado superficial abogar por redefinir la única institución que une a los niños con sus mamás y papás y así borrarla del mapa por lucro económico. Esto es un ejemplo del peor utilitarismo – colocando el placer y beneficios personales por encima del bien de la persona. Es una falta de conciencia ignorar el trágico costo humano del colapso del matrimonio y contribuir a su mayor destrucción por el fin de lucro.

P-39 Muchas empresas y líderes del mundo de negocios avalan y usan los recursos de los accionistas para promover la redefinición del matrimonio. Eso demuestra que esta redefinición del matrimonio es aceptada por la élite.

R Dándoles el beneficio de la duda, ellos no podrán darse cuenta que al apoyar la redefinición del matrimonio ellos se están oponiendo a la única institución pública que une a los niños con sus mamás y papás. Ellos se han alineado con grupos de interés que eficazmente alegan que no existe un interés público que promueve los derechos de los niños de conocer y ser criados por su madre y padre. Esa es una mentira atroz y estos dirigentes y empresas deben ser responsabilizados por el público (clientes y accionistas).

6.12. UNIONES CIVILES Y SOCIEDADES DOMESTICAS

P-40 ¿No serían las uniones civiles y las sociedades domésticas una buena alternativa a redefinir el matrimonio? Ellas reconocerían la relación comprometida entre parejas amorosas del mismo género y proporcionarían los mismos beneficios del matrimonio sin utilizar esa palabra.

R De un sentimiento de compasión, muchos creen que las uniones civiles y las sociedades domésticas son alternativas viables a la redefinición del matrimonio para tener en cuenta las necesidades de las parejas del mismo género, No lo son. Lo que hacen es crear seudo matrimonios basados en el falso concepto de que el matrimonio es solamente el reconocimiento público de una relación consensual para la realización de los adultos. Ellos generan la expectativa o idea de que esas alternativas son equivalentes en valor e interés público y se vuelven nada satisfactorios a los participantes que sienten que el uso de diferentes palabras para describir la misma cosa es discriminatorio. La experiencia demuestra que esto abre la puerta para futuros procesos judiciales y legislación para redefinir el matrimonio para tener en cuenta las necesidades de las parejas del mismo género.

P-41 ¿Por qué las uniones civiles y las sociedades domésticas no pueden coexistir con los matrimonios entre un hombre y una mujer?

R Los reclamos de igualdad de las "uniones" diferentes pero iguales presentan los mismos impedimentos en la norma legal y en las instituciones públicas como si el matrimonio fuese redefinido como meramente el reconocimiento de una relación consensual para la realización de los adultos. Esto probablemente haría que sea discriminatorio e ilegal que las instituciones públicas y privadas promuevan el interés público sin igual de hombres y mujeres que se casan antes de tener hijos. El matrimonio que sea equivalente a las uniones civiles y las sociedades domésticas tendría que enseñarse en las escuelas como algo separado y diferente de los hijos y la familia, o simplemente otra alternativa si alguien quisiera tener un hijo. El que instituciones públicas tengan programas que promueven el matrimonio como la única institución que une a los hijos con sus mamás y papás y el valor sin igual de hombres y mujeres casándose antes de tener hijos se volvería un hecho discriminatorio[11].

11 CDF, *El Reconocimiento Legal de las Uniones Homosexuales.*

Apéndice

Datos Expeditos Acerca de La Descomposición del Matrimonio y de la Familia

- 41% de los niños nacen de madres solteras (73% en el caso de niños de descendencia afro americana)[1]
- 71% de las familias con parejas pobres no están casadas[2]
- La existencia del matrimonio reduce las probabilidades de que un niño viva en la pobreza en un 82%[3]
- Los hogares sin padres o con padres o madres soltaras producen niños que son:
  - Dos (2) veces más proclives a ser arrestados por cometer un crimen juvenil[4]
  - Dos (2) veces más proclives a recibir tratamiento por exhibir problemas emocionales y de conducta[5]

---

1 Centro de Control de Enfermedades-EE.UU., Departamento de Estadísticas Vitales Nacionales, 2009.

2 Robert Rector, "Marriage: America's Greatest Weapon Against Child Poverty," Fundación Heritage -EE.UU., 2010, http://www.heritage.org/research/reports/2010/09/ marriage-america-s-greatest-weapon-against-child-poverty.

3 Ibíd.

4 Chris Coughlin y Samuel Vuchinich, "Family Experience in Preadolescence and the Development of Male Delinquency," *Journal of Marriage and Family*, vol. 58, no. 2 (1996): paginas 491–501.

5 Deborah A. Dawson, "Family Structure and Children's Health and Well-Being: Datos de la encuesta nacional sobre la salud de los ninios y menores de edad de 1988," *Journal of Marriage and Family*, vol. 53, no. 3 (August 1991): paginas 573–584.

- Dos (2) veces más propensos a ser suspendidos o expulsados del colegio[6]
- 33% más propensos a dejar de ir al colegio[7]
- Tres (3) veces más propensos a terminar en la cárcel antes de llegar a los 30 años de edad[8]

- Comparado a niños que viven con ambos padres casados[9], los niños que viven con una madre soltera
  - y su padre biológico son cuatro (4) veces más propensos a ser física, sexual o emocionalmente abusados;
  - y su novio son once (11) veces más propensos a ser física, sexual o emocionalmente abusados;
  - y su padre biológico son tres (3) veces más propensos a ser física, emocional o educacionalmente olvidados y marginalizados;
  - y su novio son seis (6) veces más propensos a ser física, emocional o educacionalmente olvidados y marginalizados;

6 Wendy D. Manning y Kathleen A. Lamb, "Adolescent Well-Being in Cohabiting, Married, and Single-Parent Families," *Journal of Marriage and Family*, vol. 65, no. 4 (2003): paginas 876–893. Datos obtenidos del estudio Add Health. Véase también Dawson, "Family Structure and Children's Health and Well-Being: Datos de la encuesta nacional sobre la salud de los ninios y menores de edad de 1988."

7 Timothy Biblarz y Greg Gottainer, "Family Structure and Children's Success: A Comparison of Widowed and Divorced Single-Mother Families," *Journal of Marriage and Family*, vol. 62 (May 2000): paginas 533–548.

8 Rector, "Marriage," Fundación Heritage - EE.UU..

9 Cuarto Estudio Nacional Sobre la Incidencia del Abuso y Abandono de Menores, Ministerio de Salud y Desarrollo Humano de los EE.UU., 2011.

Los efectos de la descomposición del matrimonio en los niños continúan más allá de su niñez y los afligen en su adultez.

- En comparación a las familias intactas, los niños criados por padres y madres solteras
  - Son 50% más propensos a caer en la pobreza cuando llegan a la adultez[10].
- En comparación a las familias intactas, las niñas criados por padres y madres solteras
  - Son dos (2) veces más propensas a tener un hijo fuera del matrimonio[11]

Las actitudes respecto al Matrimonio nos Incitan a Promocionar y Avanzar la Realidad del Matrimonio

- Alumnos del ultimo año de colegio: 56% opina que: Esta BIEN ser soltero y tener hijos fuera del matrimonio sin necesidad de casarse[12]
- Jóvenes entre 18-39 años: 30% dicen que—"El matrimonio es muy importante si una pareja tiene hijos juntos[13]"
- Jóvenes entre 18-29 años: 44% dicen que—El matrimonio es una institución obsoleta[14]

---

10 Rector, "Marriage," Fundación Heritage - EE.UU.

11 Ibíd.

12 Bradford Wilcox, *State of our Unions, Marriage in America 2009,* datos de la Universidad de Michigan, http://www.stateofourunions.org/2009/index.php.

13 Encuesta Gallup, May de 2006. http://www.gallup.com/poll/23041/americans-complex-relationship-marriage.aspx.

14 Pew: *The Decline of Marriage and Rise of New Families.*

PARA ORDENAR COPIAS ADICIONALES DE ESTA OBRA:

Teléfonos: 1-800-398- 5470
(L-V 9:00 – 17:00 horas en Horario Estándar del Este)
1-740-283-2880

Fax: 1-740-283-4011

E-mail: questions@emmausroad.org

Pagina Web: www.emmausroad.org, Amazon,
Esta obra también esta disponible en su librería amiga y en los distintos puntos de venta de libros mas cercanos.

Dirección Postal: Editorial Emaús
827 N. Fourth Street
Steubenville, OH 43952

Teléfonos: 1-415-651-4171 Oficina San Francisco, EE.UU.
1-213-291 3580 Oficina Los Ángeles, EE.UU.

Fax: 1-415- 738-0421

Email: info@ccgaction.org

Página Web: www.ccgaction.org

Dirección Postal: Catholics for the Common Good
P.O. Box 320038
San Francisco, CA 94132-0038

Precio de Venta al Por Mayor

1-5 copias $5.95 cada una	21-50 copias $4.46 cada una
6-20 copias $5.35 cada una	51-100 copias $3.57 cada una
101-250 copias $2.98 cada una	Over 250 copias $2.38 cada una

¿Qué dice la gente acerca de Catholics for the Common Good?

"*Catholics for the Common Good* trabaja arduamente, en colaboración con los obispos, para organizar y apoyar a los laicos a cumplir su exclusiva responsabilidad secular al interior de la misión evangelizadora de la iglesia – que nos es mas que trabajar hacia un ordenamiento social justo y solidario que coincida con el divino plan de Dios para su creación."

Arzobispo George Niederauer
de la Arquidiócesis de San Francisco

"*Catholics for the Common Good* nos trae un penetrante y refrescante entendimiento de la autentica doctrina social de la iglesia unido a una innovadora aplicación de las estrategias comunicacionales para diseminar estas enseñanzas respecto a aquellos temas relacionados a la sexualidad, el matrimonio y la familia."

Edward Dolesji, Director Ejecutivo
de la Conferencia Católica de California

"La estrategia de acercamiento y comunicación de *Catholics for the Common Good* tiene un enfoque positiva que esta basado en la doctrina social de la iglesia y el método utilizado por el papa Juan Pablo II. Yo exhorto a todas las parroquias e individuos pertenecientes a la Diócesis de San Diego a preocuparse de aprender un poco más acerca de este apostolado. Este tipo de formación y acción apostólica constituye el mejor antídoto para proteger a los ninios y a las familias y es esencial para promover la realidad del matrimonio."

Obispo Robert H. Brom, Diócesis de San Diego

Únete al Movimiento

. . . una comunidad en expansión, evangelizando a la cultura en pro del matrimonio y la familia

- *Un enfoque positivo y basado en la realidad para reconstruir una cultura familiar*
- *Capacitación, formación integral y grupos para el intercambio de la fe y el amor.*
- *Redes locales listas para movilizarse y tomar acciones conjuntas y coordinadas.*
- *Clubes de Oradores Profesionales*
- *Seminarios y Talleres de Trabajo*
- *Asistencia social y comunitaria en colaboración con las juntas vecinales, lideres de la comunidad y organizaciones de base.*

Para mayor información visite nuestra página Web ***standwithchildren.org***
o escribanos a nuestro correo electrónico
info@ccgaction.org